UN NO, NO ES SUFICIENTE

UN NO, NO ES SUFICIENTE

MÁS ALLÁ DE LA PERFILACIÓN CRIMINAL

MAURICIO QUIROZ
&
EDWIN QUIROZ

NEGOCIOS

Copyright © 2022 Hermanos Quiroz S.A.S.
Todos los derechos reservados.

Primera edición: mayo de 2022

No se permite la reproducción total o parcial de este libro, ni su incorporación a un sistema informático, ni su transmisión en cualquier forma o por cualquier medio, sea electrónico, mecánico, por fotocopia, por grabación u otros métodos, sin el permiso previo y por escrito del editor. Basado en hechos reales, algunos nombres y eventos han sido modificados con fines narrativos y editoriales. La infracción de los derechos mencionados puede ser constitutiva de delito contra la propiedad intelectual.

Reseña

«El hombre ha tratado a través de los siglos de buscar patrones conductuales que permitan definir y crear tipologías en aras de resolver casos criminales complejos utilizando para ello, técnicas de "perfilación criminal". Esta obra es una apuesta audaz y visionaria que propone el uso de la "perfilación" orientada a los negocios. Con seguridad el lector podrá, como los mejores *criminal profiler*, capturar los clientes de interés y ampliar su mente.»

JORGE MARIO TREJOS
Ex-Director Escuela de Altos Estudios
Fiscalía General de la Nación

La incertidumbre siempre precede a los grandes cambios.

Índice

Prólogo 15

Capítulo I
La creatividad no tiene presupuesto

1. Momento A: El gran robo 19
2. Momento B: El arte de perfilar 22
3. Momento C: Permíteme, te cuento una gran historia 24
4. Mucho gusto, Edwin Quiroz 27
5. Mucho gusto, Mauricio Quiroz 29
6. Sobre las ideas luminosas y los baldes de agua fría 31

Capítulo II
Dopamina, la molécula del éxito

7. Triunfar es una decisión 37
8. El día más grande de nuestras vidas... bueno, casi 40
9. La maleta del emprendedor 45

Capítulo III
La ecocasa de papel

10. El síndrome del elefante de circo 51
11. El arte de saber contar el chiste 54

12. Un callejón de manos extendidas..56
13. Una bola de nieve mediática 58
14. La Providencia viste de jean y camiseta..............................60
15. El guarda del centro comercial 62

Capítulo IV
La evolución de una idea

16. Una película con muchos puntos de giro 67
17. La perfilación en caliente..69
18. Lluvia de premios..73
19. La planta de Green Works...77

Capítulo V
El gran cliente. ¡A la conquista del Everest!

20. La perfilación de las distancias..85
21. ¿Cómo romper las distancias y salir vivo y rico del intento? 88
22. Rumbo a Kimberly..90
23. Las mañas de dos zorros viejos versus los trucos nuevos 93
24. Salvatore Venturini, retrato de un obstructor.....................94
25. El episodio del iPad 96
26. Feria de papel Tissue World Miami 99
27. Operación Venturini 104

Capítulo VI
Apología de las historias poderosas

28. Una despedida súbita, como la muerte misma...................111
29. Un avión de papel se precipita en el lodo 114
30. Un duelo se transforma en una empresa festiva.................116
31. La historia de Armín 120
32. El crucero del emprendimiento...124

ÍNDICE

Capítulo VII
El Gran Inventor

33. ¿El emprendedor nace o se hace?..........................129
34. «Ustedes tienen un show de televisión, chicos».................131
35. Aparece Jean Claude 133
36. El Gran Inventor: Primera Temporada 136
37. Una bolsa de valores virtual..................................139
38. De los aviones de Avianca a Discovery Channel 141
39. El inventor que ganó la primera temporada................143
40. Continúa la búsqueda de la innovación....................148

Capítulo VIII
Una historia sin fin

41. Lobbismo empresarial..155
42. Los diez mandamientos del buen emprendedor 157
43. Un día después de la primera victoria....................160
44. To be continued..163
45. Hacia la nueva riqueza. Hacia los nuevos negocios..........165

Agradecimientos 167
Curso de perfilación en negocios 169

Prólogo

Siempre he sostenido que lo importante en la vida no es el emprendimiento. En Colombia, nos quieren volver emprendedores a toda costa. Desde tercer kínder en adelante dictan cursos de emprendimiento. Nuestro país llega al extremo de tener una ley de emprendimiento. Para quienes no me crean es la ley 2069 del 31 de diciembre 2020.

El emprendimiento no se adquiere. La vocación de creación es a la vida empresarial lo que es la fe a la religión. Se tiene o no se tiene. Pero recuerden: Lo importante no es ser emprendedor. ¡Es ser feliz!

Tuve la fortuna de conocer a los hermanos Quiroz en el backstage del teatro Santiago Londoño de Pereira, donde yo había sido invitado para dictar una charla. (Un intercambio de puntos de vista con los asistentes). Esa vez concluí que los hermanos Quiroz son emprendedores y, además, son felices planeando y ejecutando emprendimientos de toda índole.

Me contactaron y me propusieron que creáramos juntos un programa de televisión *El Gran Inventor*, que ya va por su quinta temporada. Me encuentro muy contento de colaborar con ellos en ese tema, muy diferente a los demás formatos y premiaciones.

Desde ese reality, nosotros encontramos aplicaciones comerciales para los inventos seleccionados. ¡Una tarea fascinante! Este libro habla de esa experiencia.

PRÓLOGO

Estoy tratando de convencer a los Hermanos Quiroz de que me adjudiquen uno de los premios de *El Gran Inventor* por una propuesta para Colombia que permitiría reemplazar las repudiadas, pero indispensables reformas fiscales tan necesarias para lograr el equilibrio financiero del país. Mi propuesta consiste en colocar un impuesto a los discursos. Con eso saldríamos de la pobreza, ¡pero ni Edwin ni Mauricio, ni el señor Ministro de Hacienda han querido tener en cuenta mi idea!

Trabajando en proyectos con los hermanos Quiroz, comprendí que el premio mundial a la innovación al cual se hicieron acreedores en el año 2012, en Londres, fue un muy merecido reconocimiento. Ojalá tuviéramos más personas como los hermanos Quiroz en Colombia. Con eso resolveríamos el problema de desempleo en estas épocas difíciles.

Deseándole éxitos a mis amigos Edwin y Mauricio.

JEAN CLAUDE BESSUDO
Presidente Organización Aviatur

Capítulo I

La creatividad no tiene presupuesto

La inteligencia más poderosa del ser humano se llama inteligencia especulativa, a simple vista no parece producir nada pero permite entenderlo todo.

1

Momento A: El gran robo

El 17 de octubre de 1994, Colombia fue sacudida por un hecho original sin precedentes: unos ladrones habían perpetrado el mayor hurto de dinero en efectivo en la historia del planeta.

Catorce bandidos, en efecto, habían sustraído un gran cargamento de dinero de las bóvedas del Banco de la República, sucursal de Valledupar, sin disparar un tiro.

Hacia las cuatro de la tarde de ese día, nadie conocía el monto exacto del robo. Ni los contadores de la sucursal, ni los peritos de la Fiscalía, ni los ladrones, quienes solo sabían que el botín pesaba siete toneladas: capacidad máxima de carga del camión Dodge 300 que introdujeron a la bodega del banco.

La investigación determinó que el robo estuvo precedido por una planificación milimétrica que no dejaba espacio para el azar.

La empresa criminal se gestó así:

Punto 1. La idea del fraude se les ocurrió a dos primos, rateros de poca monta, quienes contactan al cajero del banco (topo uno), y le proponen perpetrar un asalto exprés, tipo *taquillazo*.

Punto 2. Para resolver el tema de la logística, los cacos se asocian a alias Fernando, jefe de otra banda, quien les dice: «Necesitamos un inversionista».

Punto 3. Ese inversionista es Elkin Susa, experto en movimientos bancarios, quien examina el potencial de la propuesta y declara: «Yo financio el proyecto, siempre y cuando le caigan a la bóveda». Así fue como el *taquillazo exprés* se convirtió en un asalto de primera línea.

Punto 4. Problema: las puertas del sótano son inexpugnables. Solución: Los delincuentes enrolan al equipo al jefe de vigilancia del banco (topo dos).

Punto 5. El topo dos suministra datos exactos sobre la aleación de la bóveda, al tiempo que advierte: «Ese tipo de puerta no ha sido vulnerado jamás».

Punto 6: El inversionista trae del Canadá un moderno equipo de perforación, de los usados para realizar soldadura bajo el mar.

Punto 7: Durante ocho meses, a punta de prueba y error, un equipo de soldadores se especializa en cortar la "aleación invencible".

Punto 8: Día D. 6 a.m. Domingo 16 de octubre, puente festivo. Un camión llega a la puerta de la bodega del Banco de la República, con la excusa de reparar el aire acondicionado. El vehículo transporta 14 hombres, 26 botellas de oxígeno, 1 botella de acetileno, 2 compresores de aire y 1 equipo cortador de cascos submarinos.

Punto 9: Al cabo de 22 horas de brega, los malhechores irrumpen a la bóveda y descubren lo impensado. Alguien dice: «¡Debimos traer un camión más grande!».

Punto 10: Por caprichos de la casualidad, los ladrones se topan con la última emisión de billetes del banco central del país: Treinta mil millones de pesos (40 millones de dólares de la época) en billetes vírgenes de 2 mil, 5 mil y 10 mil. Esa circunstancia convierte a aquel asalto de trámite en un golpe de proporciones estratosféricas.

Mi hermano Mauricio y yo conocimos los detalles de esta historia 25 años después. Al término de una de nuestras conferencias sobre emprendimiento, un experto perfilador criminal de la escuela de altos estudios de la Fiscalía General de la Nación, ex director del CTI, uno de los más avezados criminólogos del país, se acercó a nosotros y nos saludó. «Sus argumentos me han dado otra perspectiva de muchas audacias del hampa, dijo. El robo del Banco de la República, sucursal de Valledupar, por ejemplo, fue una perfecta labor de emprendimiento».

2

Momento B: El arte de perfilar

Meses después de esa entrevista, el mismo experto volvió a contactarnos a mi hermano Edwin y a mí.

«Especialistas de la escuela de Quantico, del FBI, dictarán un curso en Cartagena de Indias, nos dijo. El tema será perfilación de asesinos seriales. Vengan. Sé que les va a gustar».

La perfilación criminal, en su concepto básico, describe el carácter y el comportamiento de un asesino desconocido, a partir de pistas físicas o psicológicas halladas en la escena del crimen. Esta técnica deductiva descarta sospechosos, agiliza investigaciones, determina patrones de conducta y, en muchos casos, predice los movimientos del agresor. Esta información precisa y eficiente les permite a las autoridades ir un paso adelante del criminal y lograr su identificación y captura.

Nuestro amigo acertó.

Ese curso reveló que nosotros llevábamos más de una década practicando perfilaciones de manera espontánea e intuitiva en el campo del emprendimiento.

Un criminal de élite, guardadas las proporciones, es lo mismo que un empresario de alto nivel. Por tanto, la ecuación es simple.

Si la conducta de un asesino en serie (que es un psicópata inteligente de alta competencia, perfeccionista y manipulador) podía ser anticipada con un alto porcentaje de precisión hasta lograr su captura, también podía perfilarse el comportamiento del CEO de una compañía (que está obsesionado por el éxito y casi siempre presenta alguna psicopatía relacionada con el dinero).

La técnica de perfilar aplicada al ámbito empresarial es una herramienta valiosa que permite predecir los movimientos de un alto ejecutivo y, en últimas, capturarlo: es decir, hacer negocios con él.

En lo sucesivo, como habrá de suponerse, nosotros incorporamos esas tesis a nuestras conferencias.

3

Momento C: Permíteme, te cuento una gran historia

¿Qué fue del maxirrobo del Banco de la República? El banco recuperó 21 mil millones de pesos. 9 mil millones nunca aparecieron.

¿Qué pasó con los ladrones? Veintiséis delincuentes fueron condenados a penas que oscilaron entre los siete y diecisiete años de prisión. A la fecha, sobreviven seis de los involucrados. Siete fallecieron por causas naturales. Y trece fueron asesinados por causas ajenas al robo del banco.

Todo bandido, aunque ingenioso, siempre recibe el salario del bandido.

Según la perfilación criminal, la mayoría de los ladrones de banco saben qué hacer con el dinero ajeno, pero ignoran qué hacer con el propio. Los asaltantes colombianos se comportaron idénticos a sus colegas norteamericanos o europeos: celebraron, viajaron, adquirieron costosas pertenencias y dilapidaron su momento de oro en tiempo récord.

Total. El robo más grande del siglo terminó convertido en una buena historia por contar. Cosa nada despreciable. Las grandes hazañas y osadías de la humanidad, trátese de obra de santo o temeridad de bandolero, desde los tiempos antiguos hasta los recientes, siempre han terminado convertidas en un buen cuento que referir.

Las historias de emprendimiento gustan. A la gente le fascina oír el *making off* de las grandes empresas, quizá porque saben de antemano que son historias con finales felices. El público acude a nuestras conferencias con la misma expectativa de quien asiste a cine para ver una película basada en hechos reales y tangibles.

Siempre están ansiosos por saber: ¿Qué desencadenó la primera idea? O ¿cómo transformar esa idea en una empresa exitosa? Pero, sobre todo, lo que ellos solicitan es que les ofrezcamos pormenores de nuestros desafíos y el modo cómo superamos cada reto. A los jóvenes, por ejemplo, les interesa mucho conocer el perfil del buen emprendedor. Buscan pautas. Buscan émulos que seguir. En definitiva, piden que les demos el truco del éxito.

La psicología moderna afirma que entre los cuentos literarios hay unos que curan y otros que iluminan. En nuestro caso, hemos constatado que las historias de emprendimiento empujan, arrastran, arrebatan almas.

Nuestras charlas empezaron de manera espontánea, estimuladas por algunos gremios y universidades que nos invitaban a hablar sobre *Green Works Company*, la primera empresa que fundamos. Jamás imaginamos, ni siquiera en el mejor de nuestros escenarios, que esas conferencias operarían auténticas transformaciones, tanto en la vida de muchos de los asistentes a nuestros foros como en nuestro propio porvenir. Lo que ocurrió fue inesperado. La gente joven empezó a crear empresas y proyectos con tal entusiasmo que, en el breve lapso de dos años, ya citábamos sus ejemplos exitosos en nuestras conferencias.

Ese cúmulo de historias empresariales (unas impulsadas por nuestras conferencias y otras promovidas a través de una serie televisiva especializada en tecnología e innovación, producida por nosotros), constituyen el alma de este libro.

Aquí hablaremos de ideas ganadoras de premios mundiales de innovación. Hablaremos de historias que usted seguro ha visto en internet, en la oferta de entretenimiento de Avianca o en Discovery Channel. Hablaremos de inventores de productos originales que quizá usted ya consume o compra en los grandes supermercados de cadena. Hablaremos de unos emprendimientos que en este preciso instante están siendo manufacturados y empacados en serie, listos para salir al mercado. Y por supuesto, también hablaremos de proyectos futuristas, relacionados con educación, moda, medicina y transportes eficientes.

Lo mágico de este cuento es que los emprendedores, los creadores y los inventores de esas empresas, de esos servicios y de esos productos son personas comunes y corrientes como usted o como yo. Personas sin ningún ingrediente excepcional, salvo su inquieta curiosidad. Jóvenes sin ninguna habilidad sobresaliente, salvo su capacidad de ver algo que siempre estuvo allí, de mejorar algo que todos creían que estaba perfecto o de notar que algo le estaba faltando al mundo en que vivimos.

¿Cuál fue nuestro primer emprendimiento? ¿Cómo empezó todo?

Vayamos allí, y pronto, que el éxito nos llama.

4

Mucho gusto, Edwin Quiroz

Arranco diciendo que yo no tengo el cerebro de Einstein ni crecí en una casa potentada ni tuve una educación de privilegio.

Nací en la ciudad de Pereira, en el seno de una familia de clase media. Soy el menor de tres hermanos. Adam es el mayor. El segundo es Mauricio, copiloto de mis aventuras. Como muchos de ustedes, toda mi vida fui un estudiante promedio. Es cierto que obtuve notas destacadas desde el grado sexto al once, pero eso fue gracias al ajedrez. Mis éxitos en ese deporte me granjearon la simpatía de los profesores, quienes solían concederme buenas calificaciones.

Al graduarme de bachillerato, quise estudiar mecatrónica en Medellín, pero los recursos limitados pronto me persuadieron de que debía estudiar ingeniería mecánica (lo más cercano a mecatrónica) en la Universidad Tecnológica de Pereira. Allí extrañé mucho al ajedrez. Por mucho que estudiara, mis notas jamás sobrepasaron el 4,0.

En 2007, hacia noveno semestre, en la materia Anteproyectos, tuve que elegir un tema de investigación que pudiera servir para el proyecto de grado.

Un viernes casual visité a un amigo que realizaba sus prácticas en Papeles Nacionales, filial de la canadiense Kruger. Al entrar a la planta, vi una montaña de residuos y pensé que allí había un problema de 300 toneladas que valía la pena considerar. El profesor aprobó la idea, cuya primera fase desarrollé con Daniel Bravo, compañero de curso. Esa labor académica, que, insisto, solo buscaba aprobar una materia, se tituló: *Estudio sobre la aplicación de residuos celulósicos en materiales de construcción.* En este punto yo no pensaba en futuros inventos ni aplicaciones y mucho menos veía aquellos residuos como la fuente de un negocio espléndido. Yo solo me remitiría a identificar un problema y quizá plantear alguna solución. Solo eso. Entre otras cosas porque el enfoque de la universidad no iba dirigido al emprendimiento. Su divisa era «estudie y consiga un empleo».

Al terminar el semestre, el profesor me dijo que mi trabajo había tenido muy buena aceptación y me sugirió darle continuidad. Lo que más impactó al cuerpo docente de la facultad fue la magnitud del problema: la planta papelera producía cien toneladas de lodo al día.

Esa fue la primera luz que me indicó que yo iba por buen camino.

Le propuse a Daniel que me acompañara en el desarrollo de la tesis, pero él acababa de firmar un contrato de investigación en Colciencias y declinó la oferta. Ante esa negativa, Ignacio Fuentes, otro compañero de curso, aceptó realizar el trabajo de grado conmigo.

Así empezó todo. Con la identificación de un problema. ¿Qué hacer con el lodo que producen las plantas papeleras?

5

Mucho gusto, Mauricio Quiroz

Yo soy piloto comercial, profesión que empecé a estudiar a los diecisiete. Por nueve años, fui instructor de vuelo. Si hubiera seguido la carrera en la aviación, probablemente hoy sería especialista en investigación de accidentes aéreos o jefe de operaciones para pilotos. Siempre he tenido la habilidad natural de liderar equipos y dirigir procesos.

En este momento, tengo en reposo el tema de los aviones, pero sigo siendo piloto ya que el emprendimiento también es una forma de volar. Todo emprendedor, sin excepción, es un piloto. De hecho, el primer requisito para emprender es tener alas.

Ignoro cómo fueron las dinámicas de los hermanos Wright, Warner Brothers o los hermanos Grimm, todos exitosos en sus campos respectivos. En el caso de Edwin y yo, pienso que nuestra fortaleza radica en que somos complementarios.

Ambos somos creativos, pero diferentes. Edwin es racional, cerebral, más técnico. Yo soy más espiritual, expansivo, más dado a la gente. Él es hábil en procesos y modelos y, por tanto, juicioso, metódico, encauzado. Yo soy el humanista. Más espontáneo y, por tanto, más relacionista. El elemento natural de mi hermano es el análisis, la deducción y la precisión de cálculos matemáticos. Mi elemento es el ámbito social, aunque admito que no me llevo bien con los tumultos. Cuando los dos calificamos una invención, por ejemplo, Edwin siempre dirige su atención a la esencia del proyecto y yo me fijo en el alma del emprendedor, en su psiquis. Esta especie de policía bueno y policía malo siempre nos ha funcionado. Al final, unimos criterios y tomamos una decisión consensuada.

Estos factores diferenciales, pero complementarios, fueron puestos a prueba a principios de 2008, año que determinó nuestro futuro.

Por los días en que Edwin estaba en Pereira buscando resolver el enigma del lodo papelero, yo sobrevolaba los aires de Cúcuta en un *Cessna* de dos plazas, tratando de sacar adelante una escuela de aviación que, a pesar de mis esfuerzos, avanzaba a paso de mula.

Hoy pienso que las cosas estaban listas para que los caminos de mi hermano y yo se dirigieran hacia el mismo lugar.

6

Sobre las ideas luminosas y los baldes de agua fría

Teniendo una pirámide de residuos en la cabeza, fui a Papeles Nacionales y pedí que me permitieran hacer las prácticas allí. Obtuve plaza en el área de compras. Recuerdo que el primer día de trabajo, Mario López, hombre íntegro, me regaló una de las frases más provechosas de mi vida: «Si quiere llegar lejos, nunca justifique con excusas la falta de resultados».

Una tarde visité al Gerente de Calidad y Ambiente de la planta, un mexicano de nombre Carlos Carballido, y le entregué una carta donde la Universidad le solicitaba que me facilitara cierta cantidad de lodo para realizar una investigación.

Mi entrevista con Carballido, hombre muy entendido en la industria del papel, fue breve.

—¿De qué se trata su proyecto?

—Pienso fabricar ladrillo a partir del lodo papelero.

El ejecutivo no dijo nada. Se levantó, salió de su oficina y, tres minutos después, regresó con dos ladrillos enormes y los puso sobre la mesa donde estábamos reunidos.

—Llegó tarde, Quiroz —me dijo—. Eso que usted quiere hacer, ya lo hicieron y no funciona. Pierde el tiempo.

Era cierto.

Solo en el país, la idea tenía seis antecedentes serios. Uno de esos intentos fue ensayado por una cementera, con resultados desastrosos. Y otra propuesta, incluso, ya estaba patentada. Examiné los ladrillos que me mostró Carballido. Eran de excelente calidad. El primero utilizaba químicos aglomerantes. El segundo contenía cemento al 50%. Adiviné el problema al instante: eran muy costosos.

Yo tengo una virtud que muchas veces ha sido tomada como defecto: Jamás acepto un «no» como respuesta. Un no, no es suficiente, sin antes haber constatado su veracidad.

—Creo que yo puedo hacer algo mejor —le dije al ingeniero—. Deme la oportunidad.

—Tome el lodo que necesite —me dijo, sin disimular su escepticismo.

Monté mi laboratorio en el patio de mi casa y empecé mi trabajo paciente de prueba y error.

Lo primero que aprendí en Papeles Nacionales es que sus residuos constan de dos componentes: lodo y celulosa, en partes iguales.

Esa planta se especializa en procesar papeles suaves, tipo Tissue: es decir, servilletas, papel higiénico y toallas de cocina. El proceso básico consiste en echar papel reciclado dentro de una licuadora gigante provista de agentes químicos. La fuerza centrífuga se encarga de quitar clips, disolver tintas y separar materiales pesados. Una vez rehabilitada, la pulpa pasa por unas campanas Yankee de soplado de aire de hasta 650° de temperatura que la transforma en bobinas de dos toneladas de peso. Esta es la materia que luego, en la fase industrial, se convierte en productos finalizados.

A pesar del exhaustivo proceso, muchas fibras no alcanzan a adherirse y terminan formando una especie de colada gris que discurre por un lado de la planta como un río espeso y, después de varios prensados, sale al exterior con apariencia de aserrín gris. Ese lodo es el gran dolor de cabeza de las papeleras del mundo. En el caso de Papeles Nacionales, ese problema pesaba 36000 toneladas al año. Un problema costoso en dinero y más oneroso aún en impacto ambiental.

Las pruebas, los ensayos y las confirmaciones demostraron que nuestro material de construcción era mucho más óptimo de lo que yo suponía. La comprensión realizada en los laboratorios de la universidad determinó que la resistencia de nuestro material era

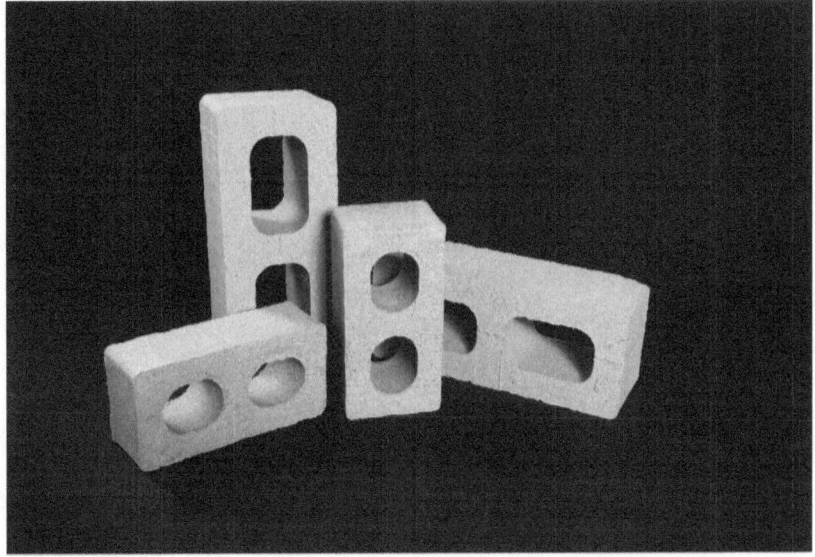

FIGURA 1. Bloques hechos a partir de lodo papelero. A diferencia de sus pares de arcilla, son 100% ecológicos sin generar contaminación a la hora de ser fabricados ayudando a la economía circular. Poseen características superiores en aislamiento térmico, insonorización acústica y resistencia mecánica.

cuatro veces superior al ladrillo no estructural. La norma estaba en 20 kilogramos/fuerza y nosotros estábamos en 80 kilogramos/fuerza. Un hallazgo crucial (véase la figura 1).

Después de la graduación, le propuse a Ignacio Fuentes, mi compañero de tesis, que montáramos una compañía. Pero él no estaba para aventuras y decidió irse a trabajar de empleado a la empresa procesadora de alimentos animales donde había hecho sus prácticas.

Por esos días me cayó encima otro balde de agua.

Una noche, necesitado de aplauso, visité a mi novia de entonces y, pletórico, le dije que yo tenía razón, que tenía un emprendimiento exitoso entre manos. Su respuesta me dejó helado:

—Entonces, está decidido —dijo—. Usted va a dedicarse a hacer casas de papel.

Después de esas doce palabras empezamos a ser dos extraños y eso acabó con nuestra relación.

Por fortuna, esa misma noche, la vida se encargó de compensar las manos y los respaldos que yo había perdido horas antes.

Al regresar a casa, encontré que mi hermano Mauricio había llegado de Cúcuta y me estaba esperando.

—¿Cuándo empezamos y qué tengo que hacer? —fue su saludo.

Capítulo II

Dopamina, la molécula del éxito

Existe una gran diferencia entre el concepto de la visión de lo posible y lo razonable; cuando nos hacemos las preguntas correctas se abren nuevos espacios en la vida y empiezan a revelarse caminos que no sabíamos que existían.

7

Triunfar es una decisión

Sir Arthur Conan Doyle, autor del célebre *Sherlock Holmes*, dijo esta cosa grande: «Lo que te mata no es la caída, sino la forma en que recibes el golpe». Tenía razón. Tú eres quien decide si perder o ganar.

Todo lo que somos o hacemos en la vida es producto de una decisión.

A cada instante, estamos transpirando decisiones. Los expertos sostienen que, en promedio, una persona toma treinta y cinco mil decisiones al día, en su gran mayoría ancestrales o evolutivas. Sin embargo, el arte de la decisión se puede adquirir. Profesionales de alta complejidad, como un piloto de combate, por ejemplo, toman unas dos mil quinientas decisiones adicionales en cada jornada.

La antropología sostiene que la decisión más antigua que tomó el ser humano ocurrió ante una fiera, ante un peligro inminente. Esa decisión fue vivir. O lo que es lo mismo: ganar. Así fue en la era de las cavernas. Así es hoy. Y, con toda seguridad, así seguirá siendo mañana.

La decisión de triunfar cambia la química de tu cuerpo. Quien dijo que los perros huelen el miedo, no mentía. Tanto el miedo como el triunfo tienen aromas. Ante la sensación del éxito, del éxito inminente, la sangre se llena de dopamina y serotonina, lo que te permite tener un soporte, un aguante ante la frustración o los obstáculos. Mejora la capacidad de la corteza prefrontal y se expande el hipocampo cerebral (que son esenciales para la atención, la creación y la creatividad). Tu mirada cambia de inmediato. La visión del futuro adquiere nitidez y precisión. Y si esa visión se empaña con algún intangible al instante tu cerebro te presenta, de manera automática, cuarenta datos esclarecedores. Te lo aseguro. Cuando estás en «modo triunfador», si sudas, es esperanza lo que sudas, y si lloras, es fe líquida lo que lloras.

La próxima vez que viajes o salgas a la calle, mira con atención. Verás que la persona que se siente triunfadora camina, se mueve, habla, gesticula, viste y se comporta como una persona exitosa.

Un día, en medio de una conferencia, un joven asistente levantó la mano y me preguntó:

—¿Eso significa que la persona que se siente frustrada camina, se mueve, habla, gesticula, viste y se comporta como una persona fracasada?

Le respondí que sí, que acababa de brindarme el retrato exacto de una persona autosaboteada.

Una de las grandes causas del fracaso es el autosabotaje, que consiste en el maltrato que una persona le ofrece a su socio principal, al tipo del espejo. Leíste bien. Tú mejor socio eres tú mismo.

Cuando estés dialogando con él, con *tu socio*, no le propongas conversaciones pesimistas ni lo abrumes con pensamientos negativos. En materia de negocios, hay partes del cerebro que es mejor dejar tranquilas. Olvídate de que tienes neurotransmisores que procesan el fracaso o las pérdidas. Y deja en paz a tus glándulas suprarrenales. Hazme caso. Esas glándulas, apenas oyen una *idea aguafiestas*, empiezan a segregar cortisol. (Una hormona que aparece cuando las cosas no son tan chéveres).

Tenlo presente de aquí en adelante.

Las personas exitosas tienen una excelente relación con el sujeto que aparece ante su espejo, que, repito: es tu socio indispensable. Cerciórate de que, al levantarte, al bañarte, al desayunar o al salir hacia tu oficina, cada célula y cada órgano de ese socio tuyo estén informados de que tú has decidido triunfar. Ese pensamiento: «Soy un ganador», debe impregnar todo tu cuerpo, desde los zapatos hasta el sombrero (si lo usas). Si haces esto (lo dice la neurociencia), ese pensamiento se volverá sentimiento. Y ese sentimiento activará un proceso cerebral estupendo. El cerebro es plástico. Se moldea día tras día. La mejor manera de ejercer neuroplasticidad, crear nuevas conexiones o producir nuevas neuronas, es haciendo cosas diferentes. De modo que empieza por esos pequeños cambios. En adelante, sin que tú te lo propongas, tu organismo, tu ser, tu marca, como quieras llamarte, empezará a operar de manera diferente. Será como si sostuvieras un romance con la vida misma (que es el sentimiento más poderoso que un emprendedor puede experimentar). Quizá notes que la vida no es del todo perfecta, que tiene ciertos detalles que no encajan, pero tú, como cualquier enamorado en su primera fase, solo tendrás ojos para lo bonito de la vida. ¿Y qué cosa es tu vida? ¡Pues tu emprendimiento!

Ese emprendimiento te quitará el sueño y te hará suspirar. No le prestarás atención a la gente que te diga que tu producto ya fue inventado y fracasó, o que esa historia ya la contaron y nadie comprará tu libro o verá tu película. Tú sigue hacia adelante, deslumbrado por la historia de amor que estás viviendo con la vida misma en ese momento.

Recuerdan que en páginas anteriores le pregunté a mi hermano Edwin: «¿Cuándo empezamos y qué tengo que hacer?».

Su respuesta fue:

—Mañana tenemos entrevista con una incubadora de empresas.

Ambos sabíamos lo que eso significaba. Decir: «Tenemos cita con una incubadora de empresas» equivalía a decir «Mañana sellamos nuestro destino».

8

El día más grande de nuestras vidas... bueno, casi

Como nuestro emprendimiento fue resultado de una tesis de grado, la Universidad Tecnológica de Pereira accedió a pagar la patente a cambio de una participación accionaria en la misma. Así las cosas, la institución quedó con el 8% de los derechos y los inventores con el 92%.

Viendo que estábamos ante nuestro primer montaje empresarial, y necesitábamos un plan de negocios, la Universidad nos puso en contacto con una incubadora de empresas, que guiaría nuestra etapa de despegue.

El día de la cita, me puse el vestido que meses antes usé para mi graduación y Mauricio, por su parte, queriendo infundirle dignidad al encuentro, compró una camisa que le costó la mitad de sus ahorros.

Más adelante, en el apartado de la perfilación en caliente, el tema del atuendo recibirá la atención que se merece. En este momento, deseamos destacar que la indumentaria de una persona juega un papel trascendental en el campo de los negocios. No hablamos de moda ni de glamour. Hablamos del atuendo concebido como una poderosa herramienta transaccional. En la comunicación de negocios, el lenguaje verbal (entendido como léxico, argumentos y retórica) tiene un valor del 7%. El 38% se le atribuye al tono y matiz de la voz. ¿Sabe usted qué tan importante es la postura personal y el atuendo? Sorpréndase. El 55% restante. La próxima vez que asista a una cita de negocios, recuérdelo: la forma como usted vaya vestido es más importante que la forma cómo usted expone su idea (discurso oral).

Hecha esta salvedad, retomamos el curso de nuestra historia.

Después de los saludos protocolarios, el gurú de las finanzas que dirigía la incubadora de empresas, armado con lápiz, carpeta y una calculadora clásica, de las que parecen un buldócer plástico, nos miró:

—A los números que el tiempo es oro —dijo—. ¿En qué consiste su negocio?

Después de oír la esencia de nuestro emprendimiento, el hombre dio un largo suspiro y miró un punto impreciso de la pared, asimilando la información.

—Déjeme ver si entendí —dijo, al minuto—. Usted va a montar una fábrica de ladrillos cuya materia prima es el lodo papelero. La planta que produce dicho material no se lo vende, ni se lo regala. Todo lo contrario: paga para que usted recoja esa materia prima. ¿He copiado bien?

—Así es.

—Luego, usted procesa ese residuo, lo vende y obtiene una segunda ganancia. ¿Eso es lo que me acaba de decir?

—Así es.

El hombre se rascó la frente, se levantó, se acercó a un tajador eléctrico, afiló la punta de su lápiz, regresó a su escritorio, se sentó y volvió a mirarnos.

—Así no funcionan los negocios en el mundo —sostuvo—. ¿Me permite analizar su caso tomando otro producto como referencia?

—Sí, señor.

—Supongamos que usted monta una cafetería. Un molino de grano le paga a usted para que le reciba el café. Y luego usted toma ese café, lo procesa y lo vende. ¿Eso es lo que ustedes pretenden hacer?

—Exacto —le respondí.

—Pregunta clave —continuó el gurú—. ¿La papelera conoce el destino que usted le dará a esa materia?

—Sí, señor.

—¿Y dónde está la ganancia de la papelera?

—Al costo de hoy —le respondí—, una papelera paga en promedio 1500 millones de pesos anuales para llevar sus residuos al relleno sanitario. A nosotros nos pagaría 1000 millones, ahorrándose el 33%.

El gurú esbozó una sonrisa cargada de escepticismo y displicencia.

—¿Cuántas papeleras hay en el mundo?

—Hay 300 plantas —dije—. Nosotros pensamos atender el 10% de ese mercado. Es decir: 30.

El hombre acercó su calculadora, oprimió teclas y multiplicó. Los ceros de la cifra no cupieron en la pantalla y marcó error. Al tercer intento fallido, apartó el aparato, tomó una hoja de papel e hizo la multiplicación manual. La cifra seguía sin caberle en el alma. Rectificó. Era evidente que nunca se había topado con un negocio como el nuestro. Al final, nos miró y expresó su veredicto.

—Caballeros —dijo—, su empresa es tan atípica que puede ser una de dos: un disparate descomunal o el mejor negocio del planeta.

—Preferimos lo segundo —le dijo Mauricio.

El hombre repartió su mirada entre nosotros y pronunció una frase que nunca supimos si fue sarcasmo o cumplido.

—Si eso es así —aseguró, aludiendo al mejor premio de negocios del país—, el próximo año ustedes aparecerán en la portada de la Revista Dinero, por haber marcado un hito en el emprendimiento.

Aún faltaba el remate de la entrevista:

—Yo los asesoro —prosiguió—. Mi experticia vale el 10% del negocio. Lo único que les pido es un poco de paciencia. Hay proyectos avanzados que van delante de ustedes. Tienen que hacer fila. Espero me entiendan.

—¿Cuándo empezamos a trabajar?

—En doce meses.

—Demasiado tiempo —replicamos—. En ese lapso pueden pasar muchas cosas.

—Lo sé —dijo con aridez—. Pero es lo que tengo.

Decepción. Salimos con la impresión de haber perdido el tiempo. Estábamos frustrados, sintiendo que nos habían pinchado el globo. ¿Cómo administrar las emociones de ese revés?

Cuando íbamos de salida, Mauricio trató de meterle filosofía al asunto.

—Hace un tiempo leí —dijo—, que un alto porcentaje de quienes dirigen las incubadoras de proyectos nunca han tenido un negocio propio. Tienen mucha academia, abundante teoría financiera, pero escaso contacto con la vida real. La mucha letra inhibe la práctica. No lo creí en ese momento.

—Necesitamos un plan de negocios que mostrar —le dije—. Sin ese plan no tenemos inversionistas. Hay que hacer algo y pronto.

—Pues hagamos ese plan de negocios nosotros mismos —respondió Mauricio—. Consultemos en Google, que lo sabe todo.

Le expresé mis reservas.

—No quiero improvisar —le dije, sin detener la marcha.

En un intento por contagiarme su entusiasmo, Mauricio aceleró el paso, rozando la cerca.

—Edwin—dijo—, nosotros podemos hacer ese plan de negocios.

Yo seguí renuente, reflexivo.

—Lo recomendable sería buscar a alguien que domine el tema financiero —observé.

Mauricio extendió los brazos para darle firmeza a su argumento y se engarzó la camisa en el alambre de púas. Nos detuvimos. Él se puso la mano en la herida y soltó una frase que en aquel momento tuvo el peso de un presagio. Un buen presagio.

—Imagínese esto —aseguró—. Ese plan de negocios nos va a quedar tan bueno que ganaremos el premio de la Revista Dinero.

Lo miré. Tanto la camisa como su piel estaban desgarradas y sangrantes, pero su fe estaba intacta.

Ese mismo día empezamos a tirar números.

Gracias al episodio de la camisa rasgada fue que nos enteramos de que tanto el éxito como el fracaso son una reacción química de nuestros cerebros.

Años más tarde, en efecto, al término de una conferencia, un amigo neurocientífico se acercó a Mauricio y nos dijo:

—Apunten esta palabra: dopamina.

—Dopamina —dijo Mauricio—. ¿Qué es eso?

—Lo natural es que el episodio de la incubadora de empresas los hubiera derrumbado —explicó el especialista—. Pero ustedes asimilaron el golpe con rapidez y claridad. Eso se debió a que tenían la sangre impregnada de triunfo. Así como suena. La dopamina es la molécula del éxito.

9

La maleta del emprendedor

Exploramos, en efecto, varios formatos de negocios en la red y elegimos el modelo que mejor nos cuadraba. Una labor sencilla, pues ya teníamos resueltos el 90% de los ítems, gracias a los datos actualizados de la tesis. Al final, conscientes de que teníamos un plan exitoso y diferenciado, se lo presentamos a un amigo industrial para que nos diera su concepto.

—¡Bendito sea Dios! —exclamó—. Este es un negocio multimillonario.

Alentados por ese parecer, al día siguiente nos dirigimos a una oficina de correo y enviamos nuestro proyecto a la Revista Dinero. Lo postulamos en la categoría *Mejor plan de negocios de Colombia*.

Enseguida, hicimos varias carpetas de presentación que contenían la ficha técnica del producto. Como el protagonista de nuestro negocio era el ladrillo de lodo papelero, prestamos una prensa de bloques con un amigo constructor y, después de centenares de intentos, obtuvimos un ladrillo decente de 12 centímetros de largo por 5 centímetros de ancho. Era el que nosotros llevábamos para todas partes.

Mamá aún conserva ese primer ladrillo que nos abrió las puertas. Ella lo usa como cuña para mantener abierta la puerta de su habitación.

En un principio, ese ladrillo fue el emblema tangible con el que estuvimos buscando socios capitalistas. Cargábamos el ladrillo en un portafolios y cada vez que un empresario nos preguntaba: «¿En qué consiste su proyecto?», nosotros le poníamos al frente la pieza de arcilla papelera. Suena pintoresco, pero es 100% verídico. Nosotros tocamos esas primeras puertas con un ladrillo en la mano. «¿Cuánto necesitan?». El montaje de nuestra planta costaba un millón de dólares (Dos mil millones de pesos colombianos).

Sobra decir que el primer año de andanzas evaporó nuestros ahorros. Sin embargo, la alegría, la disciplina y la perseverancia del primer día se mantuvieron intactas.

Nuestro círculo familiar (mi abuela, mi madre y mi tío) se involucró en el proyecto. Muchos allegados nos consiguieron citas con sus amigos comerciantes y empresarios. Tocamos todas las puertas que vimos en nuestro camino y referimos nuestro proyecto a todo aquel que quiso escucharnos.

Una tarde, siete amigos coincidimos en el lobby del Hotel del Café.

De repente, un allegado de nuestra familia nos miró y soltó una idea peregrina.

—Está bien eso de llevar el ladrillo con ustedes a todas partes —dijo—. Al fin y al cabo, el ladrillo es su producto. Pero, creo que sería más eficaz mostrar una pared hecha con ese tipo de material.

Lo miramos, interrogantes.

—Levanten una tapia en un lugar estratégico —prosiguió—. Eso le permitirá a la gente calificar con solidez el potencial de su iniciativa.

Hubo un instante de silencio entre mi hermano y yo. Sonreímos. Las buenas ideas tienen esa particularidad: caen bien desde el primer instante.

Otra voz añadió:

—¿Y por qué no una casa? —dijo—. Ya entrados en gastos, arrimemos la buena voluntad de diez amigos más y levantemos esa casa de una vez.

El autor de la frase era un reconocido constructor de Pereira, el mismo que nos prestó la prensa para hacer el ladrillo de muestra.

Un tercer amigo encimó su opinión, y perfeccionó la idea original en el aire.

—Que sea una ecocasa —precisó—. Ya que sus ladrillos son de un lodo que deriva del papel reciclado, pues que se llame así: la ecocasa.

Viendo que la tertulia se había transformado en una auténtica lluvia de ideas, miré a Diego González, antiguo amigo de la familia, propietario del Hotel del Café.

—¿Y es que tú no piensas hacer tu aporte de materia gris?

El hombre se echó a reír.

—Yo pongo mi finca a su disposición, muchachos —dijo—. Vayan, escojan el mejor lugar que les parezca y construyan su ecocasa.

Mauricio y yo sopesamos la oferta. No había nada que pensar. Saqué el ladrillo del portafolios y lo puse sobre una mesa.

—Hagamos esa ecocasa —dije.

Capítulo III

La ecocasa de papel

Hay que dejarse seducir por el desafío, disfrutarlo, curiosearlo hasta que toque tu núcleo, entonces encontrarás nuevas oportunidades.

10

El síndrome del elefante de circo

Después de recorrer la geografía nacional, ya como CEO de nuestros proyectos o ya como promotores de emprendimiento, hemos constatado que el primer escollo que nuestros jóvenes deben remover es el paradigma conformista de los abuelos, quienes sostienen: «El mundo fue creado, corregido y perfeccionado. Solo los necios pretenden mejorar lo que ya está bien». Presumimos que esa mentalidad ancestral fue útil alguna vez. Sin embargo, esa visión limitada de la vida exige urgente revisión, porque lleva generaciones aniquilando sueños.

Cuentan que los domadores de circo (que son expertos en mutilar, castrar y reprimir el alma de las grandes bestias) atan al elefante pequeño a un palo con el propósito de acostumbrarlo a vivir en un mundo que termina en la orilla de su corral, bajo la sombra de un cielo de plástico sin nubes ni lluvia. Al principio, el elefantico lucha, tratando de zafarse, pero el peso del madero le hace desistir; aceptando que es un incapaz, que su vida es perfecta como está, que su prisión es positiva y, peor aún, empieza a temerle al mundo que hay allá afuera, mundo que siente que no le pertenece y al que no puede aspirar, mundo que percibe hostil, difícil y peligroso. Pasado el tiempo, el elefante crece y se transforma en la criatura más fuerte del planeta. Un paso, solo un paso bastaría para darle la libertad. Con un simple avance rompería su estaca, echaría abajo su corral y derrumbaría al circo, pero ya es muy tarde para él. Está programado. El pobre animal tiene la mente lisiada. Podrían incluso soltarlo y no se movería. A esas alturas, la estaca que le impide marcharse ya no está fuera, sino dentro de él. La lleva clavada en el alma. El elefante está vencido. Domesticado. Entérense. El miedo también produce milagros.

Esto es lo que mi hermano Mauricio y yo llamamos el síndrome del elefante de circo. Son muchas las estacas, muchos los corrales y muchos los circos que intentan atajar a nuestros jóvenes emprendedores. Con toda seguridad, alguna vez usted ha escuchado los siguientes aforismos: *Quien nace para zapatero, del cielo le cae el martillo. Árbol que nace torcido, jamás su tronco endereza. Más vale pájaro en mano que cien volando. De eso tan bueno no dan tanto. Más vale malo conocido que bueno por conocer. Los ricos están completos.* A esa cultura perversa es que nos referimos.

Un síndrome es la concurrencia de varias señales precisas en torno a un fenómeno exacto y puntual. Según nuestra observación, los signos que permiten diagnosticar el síndrome del elefante de circo son los siguientes:

1. Programaciones familiares y educativas rígidas y limitantes. Este síntoma se instaura cuando padres, profesores y sistema educativo (domadores) venden la idea de que «vida segura» es estudiar para conseguir trabajo y punto final.
2. Entornos paupérrimos y depresivos. Aquí nos referimos a la influencia malsana del escepticismo cultural en que el niño nace y se desarrolla (Los otros animales domesticados del circo). No hay espectáculo más deplorable que ver cómo aquellos que podrían encauzar el liderazgo de un joven son quienes les amputan las alas, clausurando sus ganas de volar.
3. Taras filosóficas perversas. Este síntoma se manifiesta por la predestinación negativa y la promoción del redil. El joven se levanta tan persuadido de sus deficiencias que, después de un tiempo, todo lo que ve en su camino son limitantes.

Es cierto que la sabia dirección de nuestros ancestros fue lo que nos trajo hasta aquí. Es nuestro deber honrarlos. Pero también es nuestro derecho considerar sus tesis, separar los criterios óptimos de los nocivos y eliminar las pautas anacrónicas que pretendan podar nuestras vidas.

El síndrome del elefante de circo es un pérfido estado de conciencia que provoca discapacidad mental. La buena noticia es que, por tratarse de un sistema inducido, la anomalía puede revertirse con pautas, iniciativas y ejemplos exitosos. En la última década hemos sido testigos de cómo muchos jóvenes que nacieron "predestinados" a ser elefantes de circo, hoy son prósperos hombres y mujeres de empresas. (El séptimo capítulo de este libro presenta sus historias, sus sueños, sus invenciones y sus triunfos).

Queremos ser enfáticos. Siempre habrá estacas queriendo detener nuestro avance. Barreras de todo tipo y color. Todo negocio las tiene. Cuando ello ocurra, recuerde que usted es un elefante, la criatura más vigorosa del planeta, y que solo un paso, solo uno, bastará para romper esos obstáculos.

11

El arte de saber contar el chiste

Para la perfilación de negocios, cada persona es una historia que anda. Cada individuo, en forma constante, está soltando datos. La indumentaria, la colonia, el portafolios, la forma de hablar, andar y de mirar, siempre brinda información valiosa sobre el ejecutivo y su proyecto. El empresario exitoso usa su apariencia como una herramienta generadora de empatía con su interlocutor (posible socio o futuro inversionista).

Incluso cuando no estamos presentes, dejamos *huellas reflejo*: signos y marcas que dejamos y que otros pueden deducir de nosotros cuando estamos ausentes. Por ejemplo: el carro que se elige comprar, la decoración de la oficina o el frente de un puesto de trabajo puede señalar que quien allí labora es una persona divertida, pulcra, tediosa, organizada o caótica. Toda huella refleja una personalidad.

Sabiendo ya que somos un cartel andante de nuestra propia película, sobreviene la pregunta: ¿Cómo estás contando tu cuento?

Cierto es que todo gran proyecto arranca con una buena idea. Pero, una buena idea, incluso la idea más revolucionaria que haya podido concebirse sobre la faz del planeta, es solo eso: una idea estupenda... un primer paso... el primer paso de un largo camino. ¡Mucho cuidado! Las oficinas de patentes de todos los países están repletas de buenas ideas. De hecho, nuestro mundo es un mar poblado de buenas ideas.

El primer gran truco que aprendimos mi hermano Edwin y yo al empezar a conjugar el verbo emprender, fue que una excelente idea sin una narrativa que la sostenga es una idea moribunda. La misión de toda narrativa (llámese exposición mediática, publicidad o pitch) es imprimirle potencia expansiva a tu idea, a tu invención o a tu producto. Los buenos guionistas de cine dicen: «No me lo cuentes, muéstramelo». Y los publicistas señalan: «Esas mil palabras sobran. Dame la imagen». Eso fue lo que nos sugirieron nuestros amigos aquella tarde lluviosa en Pereira, cuando dijeron: «¡Basta de ladrillos! Queremos ver la casa».

Tenían razón. Andar con un ladrillo metido en un maletín (estrategia que en su momento fue original), había cumplido su ciclo. Recuérdenlo siempre: las narrativas envejecen. Manténganse alertas.

El siguiente paso fue transformar nuestro discurso en un hecho irrevocable. En una imagen elocuente. Tan elocuente que se pudiese ver a quinientos metros de distancia. En ese momento nosotros no sabíamos que estábamos poniendo en práctica una de las tesis más poderosas de la perfilación de negocios: Todo en la vida es cuestión de presentación.

El asunto no es nada nuevo. Los patriarcas de la antigua Roma decían: «Las palabras son respetables. Los hechos son sagrados». Los hechos generan confianza. En el mundo actual, la confianza es más valiosa que el oro, el petróleo y el diamante. El tema de la presentación, como toda manipulación positiva, implica muchas cosas: originalidad, astucia, perspicacia, buen humor y hasta un poco de glamour, depende del emprendimiento que quieras vender.

Fue así cómo nuestro ladrillo de lodo papelero se transformó en casa. Esa decisión marcó un antes y un después en nuestra vida. Esa decisión nos graduó de emprendedores.

12

Un callejón de manos extendidas

La ecocasa fue concebida como una vivienda de interés social, en cuya área de treinta y seis metros cuadrados (sala, dos habitaciones y un baño) podían vivir de manera cómoda cuatro personas. Trazamos la casa en un lote campestre que nos facilitó Diego González. Desde el principio nuestra idea fue construir un prototipo de vivienda ecológica provista de energía solar, plantas de tratamiento de aguas residuales, techo de tetrapack y maderas recicladas (véase la figura 2).

El entorno acogió nuestro propósito como si fuera suyo. Los empresarios de Pereira se manifestaron con aportes en especie o en dinero, conscientes de que estaban ante una vitrina que hablaría bien de todos. En retribución a ese respaldo cívico, nosotros colocamos los logos de sus empresas en el backing promocional del inmueble.

En octubre de 2010, luego de dos meses de construcción, inauguramos la vivienda, con la presencia de la prensa, los patrocinadores, los empresarios y los líderes de Risaralda. Entre los invitados, por supuesto, estaba el ingeniero Carlos Carballido, Gerente de Calidad y Ambiente de Papeles Nacionales.

La opinión de Carballido era muy importante para mí porque dos años antes, durante mis prácticas universitarias, él me había asegurado que el negocio de hacer bloques con lodo papelero sería un fracaso rotundo. El hombre entró a la casa, ojeó la estructura, revisó la distribución espacial y luego se acercó a nosotros.

—Es una bonita casa de papel —nos dijo, sonriente.

FIGURA 2. En la ecocasa se deja en evidencia la funcionalidad del bloque bien sea a la vista o enlucido.

13

Una bola de nieve mediática

La presentación en sociedad de la ecocasa produjo una súbita manifestación de *free press* tanto en prensa escrita como en televisión. Tras esa promoción sobrevino una serie de hechos venturosos ocurridos en cascada que, según la opinión de un amigo, «parecían tallados por la mano del mismo destino».

Hasta ese momento, nuestro nexo con los medios se remitía a una aparición en el Diario del Otún, rotativo local que publicó nuestro proyecto, y a un registro posterior en El Tiempo. Como neófitos en esa materia, no habíamos dimensionado la potencia y la eficacia que la exposición mediática podía tener en el éxito de nuestro proyecto. Hoy, desde el punto de vista empresarial, somos unos convencidos de que la expresión *sino sales en la prensa, no existes* reviste mucha validez.

Por fortuna, la pericia que nos faltaba en *free press*, la compensábamos con un buen manejo de las relaciones públicas. Teníamos por política nunca rechazar un encuentro. Puerta que nos ofrecían, puerta que visitábamos, conscientes de que cada espacio era un escaparate que nos daba visibilidad. De pronto, de un momento a otro, empezamos a ser un referente nacional sobre el ladrillo hecho con lodo papelero. Hablar de ese tema era aludir a los hermanos Quiroz de Pereira. Las agendas de mi hermano y yo se llenaron de citas, contactos e invitaciones. Constructores, ambientalistas y grupos de emprendimientos de Bogotá, Manizales, Cali y Medellín nos invitaron a exponer nuestra iniciativa.

En medio de esa batahola, un día nos llamaron de un canal nacional y acordamos realizar un reportaje para la sección *Caracol* y *Bancolombia, más cerca de ti.* Fue un cubrimiento a tres cámaras. Mi hermano Mauricio y yo recordaremos ese día con gratitud porque fue nuestro primer *flirt* con la televisión. (Por ahora solo marcamos el momento. En los capítulos siguientes de este libro está narrada con detalles la empresa creativa que surgió de nuestro *affaire* con ese medio).

En cierta ocasión, durante una conferencia en Medellín, una asistente nos pidió establecer la diferencia entre el maletín y la ecocasa, y nosotros les dijimos que andar con el ladrillo era como cazar insectos con una red de mariposas y levantar la ecocasa era como tener un jardín que llevaba los insectos hacia nosotros.

No exageramos. Eso fue lo que sucedió.

La ecocasa, en efecto, desencadenó una serie de sucesos providenciales y encuentros fortuitos con personas singulares que nos despejaron el camino. Siendo básicos, la ecocasa trajo a los periódicos. Los periódicos trajeron a la televisión. Y la televisión trajo a los inversionistas.

14

La Providencia viste de jean y camiseta

Las abuelas de la zona cafetera suelen decir: «Aquello que buscas, siempre te encuentra. En el mismo minuto en que sales de tu casa a buscar dinero, la plata empieza a preguntar por ti».

Ese refrán tuvo cumplimiento rotundo después de que le concedimos el reportaje al canal Caracol.

Les contaremos la siguiente anécdota para mostrarles cómo cuando tú vives, respiras y vibras por aquello que consideras tu razón de ser, la geometría del universo empieza a manifestar la ecuación fantástica del tiempo, lugar y circunstancia. En la última década, nos han ocurrido muchos sucesos como el que vamos a referirles a continuación. Aunque creemos en la potestad superior de un Dios que lo gobierna y administra todo, no hemos incurrido en la tentación de meterle metafísica al asunto. En vez de eso, nos hemos persuadido de que cuando tú estás en el lugar indicado, haciendo lo mejor que puedes por tu proyecto, te suceden cosas maravillosas y momentos estelares.

Ocurre que por los días en que presentamos la ecocasa, nosotros (que no teníamos oficina) montamos nuestro cuartel general en el Hotel del Café. Dicho hotel estaba ubicado en el centro de Pereira, situación estratégica que nos permitía sostener varias citas al día con ejecutivos y empresarios.

Nuestra presencia asidua en el hotel nos permitía entablar conversaciones casuales con algunos huéspedes. Cierto mediodía de octubre, mientras esperaba a mi hermano Edwin, yo fui testigo de las carreras de última hora de una joven preocupada por perder su vuelo a causa del clima y tenía la imperiosa necesidad de viajar a

Bogotá ese mismo día. De manera cordial, me acerqué a la mujer, le dije que yo era piloto y le ofrecí mi pronóstico meteorológico que hice de forma visual. Una vez sosegada su angustia, la joven y yo intercambiamos referencias. Se llamaba Carol Martínez. Me preguntó el motivo del movimiento de cámaras que había visto el día anterior. Le hablé del reportaje de Caracol, del lodo papelero, de la ecocasa y de las enormes posibilidades que ofrecía nuestra iniciativa. Al final de mi exposición, Carol me dijo:

—Conozco alguien a quien le gustaría conocerlos.

Intercambiamos teléfonos, le pedí un taxi y nos despedimos. En lo sucesivo, volví a ver dos veces a Carol. Nunca hablamos más de cinco minutos. De modo que no tuvimos el tiempo suficiente para establecer una amistad. Hoy, cuando analizo el papel jugado por esa mujer en el curso de esta historia, pienso que Carol fue una guía de caminantes. Una voz en el sendero. Una persona puente. Pronto verán cómo ese contacto casual entre esa *guía de peregrinos* y nosotros precipitó nuestro encuentro con un personaje que jamás imaginó que alguna vez había de patrocinar ladrillos de papel.

«El dinero andaba preguntando por ustedes», diría mi abuela.

15

El guarda del centro comercial

En el lenguaje de cine hay un elemento dramático llamado anticlímax. Los guionistas lo usan para incrementar la intensidad emotiva del público en el momento del clímax. Todos lo hemos visto. Antes de que el protagonista logre su objetivo, ocurre una situación adversa que le hace pensar al espectador que todo está perdido... ¡justo antes de que el héroe triunfe! Esa preparación por contraste es el anticlímax.

Pues bien, antes de que mi hermano y yo consiguiéramos el millón de dólares que necesitábamos para fundar nuestra primera empresa, tuvimos un anticlímax.

Una mañana de octubre de 2010, recibimos una llamada del canal Caracol. «Hoy emitimos el reportaje de la ecocasa en el noticiero del mediodía», nos informaron. Revisamos nuestras agendas. Viendo que teníamos concertado un encuentro en horas de la tarde, resolvimos buscar un lugar cercano al punto de la cita. Ese sitio fue un edificio administrativo que tenía un restaurante en su planta baja y donde la clientela solía ver televisión mientras almorzaba. A las 12:30 p.m. llegamos, pedimos unas bebidas y nos sentamos a esperar, conscientes de la importancia de aquel momento: no todos los días apareces en la pantalla chica a mostrarle tu *criatura* a toda una nación. Era la hora de máximo movimiento. Abrieron los titulares. Vimos las noticias centrales y luego las secundarias. ¡Jamás un noticiero fue más eterno! Hubo relevo de comensales. Vimos la sección de deportes. Hacia la 1:30, la clientela empezó a amainar. Una espera no apta para cardiacos. Cuando esperábamos ver la cortinilla musical de *Caracol y Bancolombia, más cerca de ti*, ¡cataplum!, sobrevino la cascada de chismes de farándula, que nos pareció un noticiero dentro del noticiero. Miramos alrededor: quedaban siete clientes, incluidos nosotros. Miramos el reloj: 2:20. De pronto, ¡llegó el momento eureka! Antes de ir a comerciales, la presentadora anunció la sección que tanto esperábamos. Sin embargo, como un golpe letal a nuestra paciencia de apóstoles, el guarda de seguridad del edificio se aproximó al televisor y cambió de canal. Mi hermano Edwin apretó los dientes: «¡Esto no nos está sucediendo, por Dios!», susurró, rojo de la inconformidad. Yo, que todo lo resuelvo con diálogos, saqué al diplomático que llevo adentro, me acerqué al vigilante y le administré mi dosis de cordialidad. Fue como hablar con una roca. El hombre se negó a cambiar el canal ESPN, como si con esa posición defendiera la paz mundial. «Son órdenes del edificio», dijo, cortante, y me dio la espalda.

Fue así como se malogró aquel momento estelar.

Yo vi la nota periodística de nuestra ecocasa a las 7:53 de la noche, gracias a la repetición del informe en la emisión nocturna del noticiero.

Hoy pensamos que la escena del portero fue un anticlímax clásico, porque esa situación frustrante precedió el triunfo de nuestra idea.

A las 8:17 de esa noche, un número desconocido iluminó la pantalla de mi teléfono móvil. Oprimí el botón verde.

—Aló.

—Me llamo Franco Martínez y soy el papá de Carol —dijo una voz—. Yo tengo el dinero que ustedes necesitan.

Capítulo IV

La evolución de una idea

Desafiar la leyes de la lógica no significa que algo no sea veraz o posible. Los grandes imperios suelen estar fundamentados en ideas contraintuitivas.

16

Una película con muchos puntos de giro

El emprendimiento es una carrera de largo aliento realizada por etapas, muy parecida al ciclismo, rally o automovilismo. Apenas conquistas una estación, de inmediato te aprestas a afrontar la siguiente. El emprendedor que despabile (procrastine), pierde. La gran diferencia entre el emprendimiento y las carreras deportivas radica en el competidor. Aquí solo tienes un rival. Un enemigo implacable. El tiempo. Podemos decir, por experiencia, que las iniciativas se generan debido a circunstancias o necesidades precisas del momento y, si no se desarrollan a tiempo, se corre el riesgo de perder tales oportunidades.

Antes de llegar a este párrafo, por ejemplo, nosotros debimos superar cuatro etapas: 1) Idear un producto potente: ladrillo papelero. 2) Diseñar un sólido plan de negocios. Y 3) Conseguir inversionista. A partir de este instante arranca la etapa 4) Fundación de la empresa.

Si eres un emprendedor novato, y en este momento capoteas tu primera invención, déjanos decirte que este capítulo será revelador, porque el día en que nosotros fundamos *Green Works Company* (nuestra primera empresa), mi hermano Mauricio y yo éramos como tú. Dos novatos «haciendo camino al andar». Si, por el contrario, tú eres un emprendedor que ya ha sacado adelante varias iniciativas, y tienes tu propio *libro de métodos*, con toda seguridad este capítulo te recordará aquellos primeros días de novato. La perfilación empresarial sostiene que los novatos, incluso los más talentosos (sobre todo: los más talentosos), suelen sufrir las mismas distracciones, debido a la impericia.

La fórmula emprendedor-inversionista siempre ha constituido el binomio renovador de la economía. El primero —por ser imaginación y creatividad puras—, inventa cosas, propone valores agregados a los productos tradicionales o descubre nuevos nichos de mercado. El segundo, el inversionista, siempre anda a la caza de ideas nuevas y originales que patrocinar. Cuando la ecuación emprendedor-inversionista funciona como tapa y caja, se logran auténticos milagros transnacionales, tipo Microsoft, Facebook, Amazon o Apple.

La experiencia, en efecto, señala que una buena idea, con el lobby acertado, no solo convoca inversionistas con facilidad, sino que atrae al capitalista idóneo que tu proyecto necesita. Por supuesto, no siempre sucede así. Aún hay países donde la cultura del emprendimiento se ve como un arte de brujos aprendices y existen inversionistas que, afectados por el cortoplacismo, más que inversores se comportan como unos prestamistas. Los negocios tecnológicos, por lo general, son atípicos. Están sujetos a intangibles y, lo más interesante, por ser originales, es difícil saber con exactitud cuánto vale un adelanto tecnológico. Hoy en día existen compañías dedicadas a la valoración de nuevas tecnologías que se encuentran en etapas maduras o que no han salido al mercado. Pero, si no tienes el tiempo y el dinero, te toca a ti poner el precio que crees merecer y, en definitiva, obtener altos márgenes de rentabilidad. En consecuencia, un empresario experto en la producción de papa poco puede entender de inversiones en nuevas tecnologías, y viceversa.

La situación es tan recurrente que muchos emprendedores tecnológicos han acuñado su propia definición de la palabra Drama: «Película que resulta cuando un emprendedor novel (ante la urgencia manifiesta de infundirle vida a su creatura) se ve en la imperiosa necesidad de armar equipo con inversionistas ignaros en nuevas tecnologías».

Lo que sigue a continuación, ilustra con exactitud ese drama.

17

La perfilación en caliente

La catapulta que nos dio dimensión empresarial fue la ecocasa. En breve lapso, nuestra mentalidad cambió ciento ochenta grados. Una vez tu cerebro cambia su forma de mirar el mundo, ya nada vuelve a ser igual para ti.

Esa vivienda prototipo se empezó a construir en agosto de 2010. La inauguramos en octubre siguiente. Y ya en noviembre, teníamos inversionista: Franco Martínez.

Martínez fue una de las personas más difíciles de perfilar que yo haya conocido.

La perfilación en caliente permite deducir, en cuestión de un minuto, el carácter y la situación de una persona. Yo recomiendo empezar por la cabeza del interlocutor. Un casco, una kipá, un sombrero, una gorra o un tocado particular nos ofrecen información sobre el oficio, la jerarquía y aficiones de la persona. En caso de que la persona no use sombreros, nuestra atención se dirige hacia el cabello. El corte y el cuidado del cabello denota estatus social y buena salud. ¡Una persona enferma jamás tendrá el pelo lozano! Por el contrario, un cabello sucio, sin brillo o mal mantenido es un cartel que dice: «Tengo problemas». Si ocurre que tu interlocutor usa corte rapado, o no tiene pelo, el testimonio del bienestar personal corre a cargo del cuero cabelludo.

El segundo alfabeto visual de una persona está en la frente. Se ha comprobado que el bebé, mucho antes de pronunciar la palabra mamá, puede leer de un solo vistazo los estados anímicos o emocionales de su madre a través de la frente. Esa habilidad nos acompaña a lo largo de toda la vida. La frente es un escáner. Una radiografía del alma. Las líneas de expresión (tenues, acentuadas o tortuosas) suministran información sobre la clase de vida, sobre la armonía o el estrés de la persona, sobre el trabajo que realiza, ya sea en oficina o al aire libre. Es importante pasar por los ojos. Cuando una persona nos agrada o nos gusta una propuesta que recibimos se nos dilatan las pupilas, nuestros ojos tratan de buscar tanta luz como sea posible. Pero cuando no estamos a gusto con algo o alguien, o desconfiamos de lo que nos están diciendo, las pupilas se contraen. En la criminología como en el mundo empresarial es importante analizar la mirada. Durante la investigación del atentado de la maratón de Boston el 22 de septiembre de 2017, les bastó a los perfiladores del FBI analizar las grabaciones de cámaras de seguridad para descubrir a los sospechosos principales. Poco después de la detonación de la bomba, un par de sujetos no expresaban ningún asombro o estupefacción en la mirada como los demás transeúntes. Esa calma excepcional los señaló como terroristas: pues sabían de antemano lo que iba a suceder. Los perfiladores saben que existen gestos en nuestra mirada sobre los cuales no tenemos ningún control. Una mirada relajada en un encuentro de negocios, como una pupila dilatada en una cita amorosa, es sinónimo de comodidad y confianza. Cuando nuestro interlocutor tiene relajados su frente y los músculos alrededor de los ojos y sus mejillas, sabemos que tenemos mayores posibilidades de lograr nuestro cometido.

 El tercer elemento a considerar es la postura. Los hombros encogidos, hacia adentro o hacia abajo, denotan inseguridad, temor o fobia social. El cuarto elemento es el atuendo. La ropa ancha expresa dejadez. La corbata desalineada de los botones, los botones salidos del ojal o camisas desajustadas expresan que esa persona posterga metas o no es confiable para encomendarle misiones. En cambio, un atuendo cortado en la justa medida, con buena combinación de colores, traduce elegancia, actitud, buenas habilidades sociales. El quinto elemento legible son las manos. Ellas, a través del saludo, nos permiten establecer el contacto inicial con nuestro futuro socio, jefe, empleado o nuestra futura pareja. Ese primer nexo es crucial. Manos callosas indican trabajo tosco. Manos sedosas, trabajo de oficina. El sexto elemento son los zapatos. Una persona bien vestida con zapatos sucios puede remitirnos a varios contextos. Sobra decir que este examen en caliente sucede en cuestión de instantes. En la medida que lo practiquemos con frecuencia, afinaremos nuestra percepción hasta lograr conclusiones acertadas y oportunas dirigidas a generar empatía y saber cómo llegarle a esa persona de interés.

Lo primero que supimos de Franco Martínez, nuestro inversor, fue que era autor de sí mismo. Solía decir que había nacido en cuna de paja, pero que moriría siendo uno de los hombres más ricos de Santander. «El hombre que, a los treinta años, tenía que elegir entre comerse una papa rellena o coger el bus —afirmaba—, a los sesenta no sabía qué hacer con los doscientos mil millones de pesos que tenía arrumados en los bancos». Esa retórica de nuevo rico, similar a la usada por magnates del mercado negro, nos puso en alerta. Hicimos algunas llamadas discretas y solicitamos averiguar las actividades del empresario. Para sosiego nuestro, sus caudales eran pulcros. Lo que sacó de pobre a Martínez fue una epifanía que se le ocurrió una noche lluviosa y triste, al salir del colegio donde trabajaba. Ese negocio dorado fue vender cursos para que los profesores se jubilaran con mejores pensiones. «Tan exitosa fue esa gestión que, a los ocho meses de actividades, ya tenía setenta y seis mil millones de beneficios».

Franco Martínez era un hombre sorpresivo que oscilaba entre mañas y virtudes, que hacía negocios por impulso, que un día era intuitivo y al otro día era racional. Alguien complejo, imprevisible. Al responder su teléfono, por ejemplo, agarraba el aparato de tal modo que no podía escuchar al otro. Hablaba duro y se sentaba en la palabra. No respondía números desconocidos. Y cuando recibía llamada de un contacto conocido, aunque fuera el Presidente de la República, siempre decía: «Ya te llamo para que no te gastes los minutos». Otra manía pintoresca que nunca pudimos dilucidar a plenitud fue que cuando Franco conocía a una persona, lo primero que decía era: «Soy abstemio», a pesar de que era un fervoroso y conocido consumidor de whisky, de los que necesitaban apurarse un trago de tres dedos para dialogar con lucidez.

Martínez nos visitó en Pereira un sábado por la mañana, tras haber conducido toda la noche desde Bucaramanga, en compañía de su mujer y una hija adolescente. Después del desayuno, pidió visitar la ecocasa que tanto le había impresionado. Examinó la vivienda, hizo preguntas puntuales, salió al patio y se sentó.

—Les confieso que no entiendo su negocio —dijo—, pero después de ver lo que tienen, creo que su idea tiene futuro. ¿Cuánto necesitan?

—Dos mil millones de pesos —le respondimos.

—Yo tengo ese capital —afirmó—. Incluso, dependiendo de cómo pinten las cosas, podría invertir un poco más. La semana entrante les hago el desembolso.

Yo, que soy más emotivo que Edwin, le tendí mi mano a Martínez para sellar su decisión:

—Acaba de hacer tratos con el mejor plan de negocios de Colombia —le dije, y añadí con una certidumbre invencible—. *Green Works Company* va a ganarse el premio de la Revista Dinero.

18

Lluvia de premios

En virtud de su aporte de capital, Franco Martínez entró como socio del 33% de *Green Works Company*, nombre ecológico que definía el espíritu de nuestra empresa. Los socios fundadores conservaron el 67% restante. Pero nos estamos adelantando.

Al momento de redactar el contrato, nuestro abogado sentó sus previsiones. «Aquí hay algo que no me cuadra —murmuró, inquieto por el carácter singular del empresario—. La gente impetuosa como ese señor, suele hacer cosas imprevistas». La intuición, en efecto, nos decía que había banderas rojas que considerar. Sin embargo, decidimos proseguir, confiados en una creencia que nuestra madre nos inculcó desde niños: «Dios siempre protege a los hombres de buena fe». De modo que nos lanzamos a la piscina, creyendo haber calculado los riesgos y cubierto los puntos ciegos.

Las advertencias del abogado estuvieron a punto de cumplirse en las dos semanas siguientes. Martínez, quizá afectado por su equipo financiero, postergó la consignación. El día catorce de espera, cuando empezábamos a temer que el negocio zozobraría, la diosa fortuna vino en nuestra ayuda: una llamada telefónica de la Revista Dinero nos informó que, tras haber superado las jornadas clasificatorias, nuestro proyecto estaba en la etapa semifinal y debíamos viajar a sustentarlo a Bogotá. La gente que había creído en nosotros, y que nos acompañaba echando mano de la última reserva de fe, volvió a sonreír. Como no contábamos con recursos para los pasajes de nuestra comitiva, compuesta por cinco personas, "hicimos vaca". Empresarios de Pereira nos regalaron dos tiquetes. Y los otros tres pasajes fueron recolectados entre los amigos.

Tres semanas después, a finales de noviembre de 2010, nos anunciaron que habíamos pasado a la final. Fue como si la vida nos diera respiración boca a boca. Esa vez, Franco Martínez, que aún no había firmado el contrato ni desembolsado su inversión, aportó los pasajes y los viáticos.

La premiación tuvo lugar en la Cámara de Comercio de Bogotá, donde la Revista Dinero había organizado un stand para que los finalistas expusieran sus productos o proyectos antes del fallo. En nuestra mesa, colocamos unas carpetas con la ficha técnica y cuatro ladrillos papeleros: tres grandes y uno mediano.

Por coincidencia, nuestro stand vecino le correspondió al equipo científico de *Bloodox*, médicos de diferentes especialidades autores de un emprendimiento que, a mi juicio, era el vencedor. En efecto, ellos habían inventado un plasma sintético que podía sustituir la sangre humana. Un elemento paramédico valioso en caso de desastres masivos o traumas severos ocurridos lejos de un centro asistencial. No había que ser muy analítico para deducir que aquel invento tenía cara de ganador. Me acerqué a Mauricio y le dije: «Veo la cosa dura». Mi hermano me miró: «Esto se acaba cuando se acaba —dijo, mientras señalaba la plataforma de premiación—: Lo que nos trajo hasta aquí, nos va a poner allí». Como lo cortés no quita lo valiente, nos acercamos a los proponentes de la sangre artificial, ponderando su idea, pero ni siquiera respondieron nuestro saludo. Por seis largas horas, jurados reflexivos y concentrados visitaron cada stand, con lápiz y papel en la mano, calificando cada invención. Hacia las tres de la tarde, tras computarse los puntajes, se anunció que los proyectos finalistas eran *Bloodox* y *Green Works Company*.

En el instante decisivo, uno de los organizadores le entregó un pedazo de papel a Silvia Corzo, presentadora del evento, quien leyó: «El segundo lugar para el Mejor Plan de Negocios de Colombia es para *Bloodox*».

Fue un momento único, sublime y conmovedor que esperamos ustedes también vivan alguna vez pues no hay nada más gratificante que ver cómo nuestra idea (el negocio que había sido señalado como inviable) competía con grandes antagonistas y ganaba de aquella manera unánime y categórica.

Sin embargo, aún había más preseas.

Ese día, la Revista Dinero entregó tres premios. Cinco minutos después de recibir nuestro cheque y posar para la prensa, la presentadora dio a conocer el siguiente fallo: «El ganador a la Mejor Innovación de Colombia es *Green Works Company*».

Aún faltaba más.

Como remate a aquella tarde laureada, cinco minutos después, Silvia Corzo volvió a llamarnos a su lado y declaró que nuestro ladrillo papelero también era ganador del Premio a la Mejor Capacidad Exportadora, concedido por Proexport (hoy Procolombia). Esta distinción tuvo una particular importancia para nosotros porque calificaba nuestro emprendimiento como un servicio tecnológico idóneo para la exportación, entendido como un bien intangible representado por procesos, planos de planta y modelo de negocios.

Ese día estelar tuve tres descargas de adrenalina. Todo pasó rápido. Un premio tras otro. Solo al día siguiente, iluminados por los tres cheques, fue que vinimos a racionalizar la importancia de lo que nos había sucedido.

Los honores recibidos, como habrá de suponerse, aceleraron la participación del inversionista, quien tomó las distinciones como concepto de peritos y honró su palabra, dándonos el capital prometido, a cuentagotas.

De este modo, la idea germinal que partió de ceros (como casi todas las ideas), se transformó en una planta industrial con varios ceros a la derecha.

En las siguientes semanas, aparecimos en la Revista Dinero, con un enorme titular en el pecho: *Un hito en el emprendimiento (véase la figura 3)*. Recuerdo que nuestro abogado llegó a la casa con una sonrisa triunfadora. «Los hermanos Quiroz son famosos —dijo—. Están en la portada de la Revista Dinero».

Lo miramos con extrañeza, interrogantes.

FIGURA 3. El concurso organizado por la Revista Dinero, recibió más de 1000 propuestas innovadores donde resultamos ganadores.

«Hoy visité al gurú financiero de la incubadora de empresas —explicó—. Él tenía la revista sobre su escritorio y yo le dije: Esos muchachos son amigos míos».

Mi hermano Mauricio y yo intercambiamos diálogo visual y sonreímos. Ese gurú de negocios fue el mismo que un año antes nos dijo que, si nuestro negocio de ladrillos era tan bueno, íbamos a salir en la Revista Dinero.

La vida, con sentido del humor, lo había hecho profeta.

19

La planta de *Green Works*

La construcción de la planta de *Green Works Company* exigía un requisito indispensable: una empresa papelera. Sin ese cliente esencial, no había negocio. La Universidad Tecnológica de Pereira, socia nuestra, sirvió de enlace con Papeles Nacionales y con Cartones y Papeles, quienes, después de enterarse de que contábamos con recursos para construir la fábrica, examinar nuestro proceso de transformación y considerar la reducción de costos anuales que ambos obtendrían, aceptaron negociar.

La planta procesadora de lodo papelero, con zonas de producción, secado y bodega, fue instalada al frente de Papeles Nacionales. Su construcción duró ciento veinte días. Desde marzo hasta julio de 2011 (véase la figura 4).

Partimos de cero.

Inventamos una maquinaria piloto, cuyo diseño y demandas técnicas superamos a punta de prueba y error. Al final obtuvimos un artefacto hidráulico de 150 toneladas de presión, provisto de moldes y grúas, que producía seis bloques por golpe. Por sigilo industrial, mandamos a fundir la máquina en Medellín y el molde en Pereira.

Como las papeleras producen residuos las veinticuatro horas (solo descansan un día al año para mantenimiento), nuestra operación constaba de tres turnos y cuarenta operarios que eran coordinados por Adam, nuestro hermano mayor. El 80% del personal, protegido bajo estrictas normas de seguridad, fue reclutado en las orillas del río, donde se dedicaban a recolectar arenas. En el curso

FIGURA 4. Rodeada de naturaleza se construyó la primera Planta Procesadora de Lodo Papelero. Al fondo se aprecia la bodega de almacenamiento, finalizando el cierre perimetral con los mismos bloques producidos en la planta.

del primer año de operaciones, la producción ascendió a setecientos veinte mil ladrillos.

Los contratos suscritos con Papeles Nacionales y Cartones y Papeles fueron tan estupendos que nos reportaban ganancias, así no vendiéramos un solo ladrillo. Ese fue el plan de negocios que premiaron los peritos de Revista Dinero.

Sin embargo, aún quedaba una línea financiera por atender: introducir nuestro ladrillo papelero al mercado de la construcción. Eso significaba cambiar los paradigmas culturales. Había que lanzar, introducir y dar a conocer nuestro producto de lodo papelero. El primer movimiento que hicimos fue ganarnos la confianza del gremio de los maestros de obras, eslabón fundamental en la captura de futuros clientes.

Para disipar la renuencia de los albañiles, que fueron sinceros al manifestarnos su escepticismo, por doce meses los llevamos de

FIGURA 5. En la bodega de almacenamiento eran estibados los bloques para la posterior recogida por parte de constructores, maestros de obra y particulares.

excursión de fin de semana a conocer la ecocasa, a fin de que constataran las bondades de nuestra innovación. Donamos bloques para construir media docena de iglesias. Y regalamos ladrillos a familias necesitadas y juntas de acción comunal. Quedaba demostrado. *Green Works Company* era rentable, funcional y amigable con el medio ambiente. Teníamos una planta de producción que por un lado recibía lodo contaminante y, por el otro lado, sacaba bloques aptos para la construcción (véase la figura 5).

Para nuestra sorpresa, el inversionista Franco Martínez se manejaba como seda. Cada vez que le planteábamos una reunión de balance, nos cortaba el paso diciendo: «Yo confío en ustedes, muchachos. Sé que están haciendo una buena administración del regalo que Dios les ha dado. Otro día arreglamos». A pesar de esa actitud cordial, nuestro abogado (que había tenido que lidiar con el equipo jurídico del inversor), no se fiaba y continuaba receloso. «No me gusta esta paz —decía—. Parece calma antes de tormenta».

Una mañana, a finales de 2012, durante una sesión de trabajo, confrontamos a nuestro amigo.

—¿Qué es lo que te sucede con Martínez? —le preguntamos—. ¿Acaso tú sabes algo que nosotros ignoramos?

El abogado nos miró.

—Martínez me parece un buen tipo —indicó—. Se ha ganado mi respeto. No es él quien me preocupa. Es su entorno.

Mi hermano Mauricio, cuya perfilación empresarial le permite predecir escenarios y anticipar eventos plausibles, intentó replicar la opinión del abogado, pero en ese momento timbró su teléfono. Era una llamada de Hassan Nassar productor de Julio Sánchez Cristo en W Radio Colombia, perteneciente a Caracol Radio.

—¿Cómo dijo? —preguntó Mauricio, incrédulo, a su interlocutor.

Se trataba de otra sorpresa que nos deparaba la vida.

Resulta que el periodista Julio Sánchez Cristo deseaba entrevistarnos, a propósito de una noticia que la agencia EFE había puesto a circular en Europa y en América, desde Argentina hasta México, y que nosotros aún desconocíamos. Esa noticia era que Internacional Quality Crown Award, con sede en Londres, Inglaterra, acababa de concedernos el Premio Mundial a la Innovación (véase la figura 6).

Debido a la generosa consideración de la Revista Dinero que nos denominó en su publicación número 363 como "un hito en el emprendimiento," vino la nominación. El caso fue que, dos semanas después, viajamos a Europa a la gala de premiación, con la fortuna que Franco Martínez decidió a última hora no acompañarnos a recibir el trofeo, razón por la cual en aquella noche dorada alcanzó el whisky para todos los asistentes. El trofeo: una pesada corona de oro. Al regresar a Colombia, apenas bajamos del avión, lo primero que hicimos fue poner esa presea en manos de la persona que, a nuestro juicio y en aquel momento, creíamos que merecía tenerla: Franco Martínez.

El lunes siguiente a ese momento cumbre, por mera casualidad, llegué a la garita de la planta justo en el momento en que un

FIGURA 6. Este trofeo era el resultado de años de trabajo y motivación constante pero también representaba un logro para la inventiva latinoamericana.

noticiero local informaba que los hermanos Edwin y Mauricio Quiroz, oriundos de Pereira, habían regresado de Londres trayendo consigo un galardón internacional. El vigilante de turno me miró y me saludó con alegría. Como el tipo me pareció conocido, detuve mi vehículo.

—Sé que lo he visto antes, pero no recuerdo cuándo —le dije— ¿Dónde nos conocimos?

El hombre bajó el volumen del radio, se rascó la cabeza y se acomodó el kepis de centinela.

—Ocurrió hace dos años, doctor —me respondió—. Yo fui el vigilante que les cambió el canal aquella vez en el restaurante del centro.

Capítulo V

El gran cliente. ¡A la conquista del Everest!

El éxito es esencialmente actitudinal.

20

La perfilación de las distancias

¿Sabía usted que la gran mayoría de accidentes de tráfico ocurre por no conservar la distancia apropiada con el vehículo que nos antecede? No importa el modelo o el tipo de vehículo que se maneje. No importa la destreza del piloto y mucho menos importa su historia personal. Cada conductor debe conservar su distancia. Los códigos de tránsito son rigurosos respecto a ese tema.

En el caso de los negocios, ese código de tránsito se llama perfilación de las distancias o, su nombre técnico, proxemia*. Así como en los patios de tránsito duermen millares de carros siniestrados, por un incorrecto manejo de las distancias, en la crónica de los negocios reposa una multitud de proyectos fallidos, por la misma razón. ¡Cuántos proyectos zozobrados por un traspié de última hora! ¡Cuántas oportunidades de oro dilapidadas por un comentario fuera de lugar! ¡Cuántos negocios evaporados por una descortesía!

El punto central de la perfilación de las distancias son los protocolos sociales entre los seres humanos. El estándar social dice: «Nunca, bajo ningún concepto, invadas el espacio de los demás». Hablamos de convenciones que son válidas en todas las culturas. El intruso, advenedizo o polizón que quebrante estos protocolos recibe la misma penalización: la expulsión del perímetro profanado.

---

* «Proxemia» es el estudio del uso que las personas hacen del espacio en sus relaciones con los demás y que se rige por parámetros sociales y culturales, resultando de gran importancia conocerlos para no sobrepasar límites que impliquen una transgresión a nuestro interlocutor.

En la vida animal (trátese de aves, peces o mamíferos) la invasión del territorio se castiga con la muerte del atrevido.

La norma dice que existen cuatro clases de distancias:

1. Distancia íntima, que va de 0 a 45 centímetros, y está reservada para el círculo familiar: cónyuges, hijos, familia extendida y amigos estrechos. Este círculo afectivo se reconoce porque sus miembros se pueden oler entre sí. Su espectro comunicacional es dinámico y fluido. Se consultan decisiones con un golpe de mirada. Se intercambian opiniones con un simple gesto e, inclusive, se hablan entre susurros, de boca a oído, aunque estén en público, sin pecar de impertinencia. Esta interacción significa: confianza máxima. Quien no pertenezca a esta esfera, sabe que este espacio está vedado para él.
2. Distancia personal, que va de los 45 centímetros a 1,20 metros. Esta distancia es para los amigos, por efectos de profesión, gremio o compañerismo de oficina. Se distingue porque basta extender la mano para tocar a la otra persona. Uno solo toca a la gente que conoce. Ese toque significa amistad, confianza, afinidad.
3. Distancia social, que va desde 1,20 a 3,30 metros. Es la interacción propia de la atención al público, sea en un banco, supermercado, boutique o establecimiento comercial.
4. Distancia pública, que va de los 3:30 metros en adelante. Es el espacio propio de los artistas, conferencistas, políticos y oradores.

¿Por qué la invasión de espacio de otra persona constituye una grave infracción? Respondo con la siguiente anécdota.

Hace unos años, un amigo común de mi hermano Edwin y yo, nos buscó para contactar una empresa multinacional, cuya Vicepresidenta de Negocios para Latinoamérica y España era amiga nuestra. Este amigo, hombre probo y de gran creatividad, acababa de perfeccionar un producto que, a nuestro juicio, tenía y sigue teniendo enorme viabilidad. El negocio avizorado era de carácter multimillonario. La Vicepresidente, en efecto, apenas entrevió el potencial del proyecto, le concedió la cita a nuestro amigo emprendedor.

Cuento largo hecho corto, esa entrevista resultó tan calamitosa que estuvo a punto de malograr nuestra amistad con la alta ejecutiva. Causa del desencuentro: invasión del espacio. Instrumento de agresión: una loción. El pitch del producto fue perfecto. La ruptura de los empresarios sobrevino por causa del beso social en la mejilla y apretón de manos con que ellos se despidieron.

Nos cuenta la Vicepresidenta que el aroma de ese beso y apretón de manos fueron «casi una violación». A su regreso a casa, ella sintió la presencia de un intruso dentro de su carro. Ya en su apartamento, al meterse a la cama a ver los últimos reportes de la bolsa de Nueva York, volvió a sentir que el tipo estaba a su lado. Fue tan fuerte su impresión de estar contaminada que se levantó y se bañó. Cuando volvió a la cama, tuvo que cambiar las sábanas porque estaban impregnadas con el «extracto invasor». Total: la mujer solo durmió dos horas. Se levantó a las 5:00 am, desayunó y, apenas pisó la oficina, su primera decisión fue llamar a su equipo jurídico y cancelar la elaboración del acuerdo de entendimiento. Es un caso extremo, por supuesto, pero lo he citado para subrayar que, en el ámbito empresarial existe tolerancia cero a la invasión de territorios. Un usurpador de espacios rara vez hace un negocio.

La próxima vez que usted visite una oficina, sea cauto: recuerde que pisa el espacio personal de otro. Mire sus marcas territoriales y sus *huellas reflejo*, y respételas. Ese lapicero, ese saco, ese trofeo o esa foto familiar le están diciendo: «Guarda tu distancia». Y por supuesto haz lo propio con tu espacio. Recuerda que cuando te encuentres en una sala de juntas, en reuniones de trabajo o en tu oficina es importante que de manera moderada ensanches tu espacio delimitándolo con uno que otro objeto personal. Créeme eso te hará ver más poderoso.

21

¿Cómo romper las distancias y salir vivo y rico del intento?

Existen muchos modos para acceder a ciertos círculos, escalar categorías, vencer resistencias o promover proyectos e iniciativas, con altas probabilidades de éxito. Esos modos constituyen la médula dramática de los mitos antiguos, los cuentos de fantasía, las sagas legendarias y las superproducciones de Hollywood. Desde *La Ilíada* hasta *Juego de Tronos*, pasando por la última versión de *El hombre araña*, todas las historias refieren la misma trama: un protagonista, forzado por las circunstancias, abandona su zona de confort y emprende un viaje plagado de aventuras en pos de un anhelo, una presea o un propósito: llámese amor, tesoro, reino, fama o gloria. Es lo que los cineastas llaman el viaje del héroe.

La perfilación de negocios explota ese mismo principio. El viaje del emprendedor es la movilización de un sujeto desde un punto A de carencia o necesidad hasta un punto B de logro o satisfacción, mediante un rompimiento de las distancias.

La pregunta del millón de dólares es: ¿Cómo romper la distancia que te separa de tu objetivo (aguijón de todo emprendedor), sin violar el mandamiento social que reza: «Mantenga su distancia»?

El problema es incitante. Vayamos allí.

El término rompimiento de distancias se refiere, desde tiempos remotos, a la búsqueda de la excelencia. Los griegos lo definieron con el axioma: *Citius, altius, fortius* (Más fuerte, más rápido, más alto). Los romanos lo llamaron *Non plus ultra* (Nada mejor que esto). Y la cultura deportiva, por solo citar tres ejemplos, lo llama *rompimiento de récords*.

Los emprendedores, al crear servicios y artefactos siempre más eficientes que su modelo anterior, son, por definición, rompedores de paradigmas y superadores de registros. Por eso no extraña que estos sujetos de alta competencia se sirvan de olimpiadas, concursos, campeonatos y otros certámenes medidores de idoneidad para cavar espacios, desbrozar caminos y ascender peldaños. Mi hermano Mauricio y yo, por ejemplo, recibimos el escalafón de emprendedores al ganarnos, en un solo día, los tres premios grandes ofrecidos por la Revista Dinero.

Sin embargo, como bien lo afirman los boxeadores, una cosa es ganar el campeonato mundial y cosa diferente es conservar la corona. ¿Cómo seguir vigentes en el ring emprendedor? En nuestro caso, fundamos una empresa, buscamos un inversionista y conseguimos un cliente que nos ofreció viabilidad.

No obstante, allí no se detiene tu carrera. Una vez empiezas a crecer, nunca dejas de hacerlo. Eso lo saben los escaladores mejor que nadie. Apenas conquistas la cumbre de una montaña, ves ante tus ojos la siguiente cumbre que debes superar.

¿Saben ustedes cuál fue el monte Everest (léase: cliente dorado) que nuestra empresa Green Works Company se propuso conquistar? Su nombre es Kimberly Clark Corporation, la más grande papelera Tissue del mundo.

¿Quieren conocer ese viaje emprendedor? Preparen maletas. Vamos a revelarles cómo nosotros rompimos las distancias y logramos nuestro objetivo sin ser invasores de espacios.

22

Rumbo a Kimberly

A una empresa de la talla de Kimberly Clark no se puede llegar con muñecos de papel, ni fábulas coloridas, sino con una oferta concreta, eficaz y provechosa cuyo rechazo cause dolor. Ténganlo en cuenta. La próxima vez que ustedes presenten una propuesta, asegúrense de que su cuento sea tan rompedor que al salir de la sala de juntas su futuro cliente quede con la impresión de que el producto que ustedes le ofrecieron son los cinco centavos que le faltaban para lograr el éxito total de su compañía.

Nuestra primera cita con Kimberly Clark se verificó en la planta de Puerto Tejada, Cauca. Nos presentamos con tres argumentos de oro: 1) Una empresa flamante: Green Works Company. 2) Una planta de producción en actividad, que por un lado recibía lodo y por el otro lado sacaba bloques. Y 3) Teníamos dos clientes papeleros con quienes teníamos excelentes relaciones. Aparte de ello, la Providencia, que jamás abandona a sus aventureros, nos acababa de regalar una llave maestra: los premios de la Revista Dinero. Tan buenas cartas de presentación fueron esos premios que la primera vez que vimos a Juan Manuel González, Vicepresidente de Operaciones para Latinoamérica, éste nos saludó a Mauricio y a mí con nuestros propios nombres, en un ambiente ameno y distendido. Quien haya presentado un pitch empresarial alguna vez sabe cuán estimulante resulta contar con el interés de nuestro potencial cliente.

Ese fue el primer paso de un largo, tortuoso, alegre y sorpresivo camino hacia nuestro contrato cumbre. ¿Quién dijo que conquistar al Everest era fácil?

Tras esa entrevista promisoria, el Vicepresidente de Operaciones nos puso en contacto con su mano derecha: Juan Esteban López, Vicepresidente Ambiental del área andina, quien desempeñó un rol importante en esta historia, como pronto veremos. Con López establecimos una amistad fluida de doble vía, que si bien es cierto buscaba concretar un negocio, también pretendía prestar un servicio estupendo.

Los gurúes de los negocios sostienen que quien posee la información, tiene el poder. Eso es cierto, pero en la medida de que tal información sea 100% fidedigna. En la actualidad, existen millares de plataformas de información y ríos de algoritmos espías observando cada decisión de los consumidores, listos para vender esa información al mejor postor. Los grupos élites de diferentes disciplinas jamás elaboran una estrategia y, mucho menos, activan una operación sensible, sin antes tener bien perfilado a su objetivo. Eso vale para maniobras militares, económicas, políticas, publicitarias, empresariales y, por supuesto, vale también para el bajo mundo del hampa. (¿Se acuerdan de los dos topos que utilizaron los ladrones del Banco de la República de Valledupar, hasta entonces considerado una plaza inexpugnable?).

Nosotros tuvimos conciencia del valor estratégico de la información con motivo de nuestro segundo encuentro con la gente de Kimberly Clark, en Bogotá. Esa vez se buscaba definir cuánto costaba transformar una tonelada de sedimento papelero en ladrillos ecológicos: paso crucial antes de elaborar el contrato. Nuestro interlocutor fue Aquiles Sanclemente, Gerente de Compras Nacionales de la compañía. Uno de los más hábiles negociadores en Latinoamérica.

Tanto Sanclemente como nosotros estábamos urgidos de información estratégica. Dicho en otras palabras, estábamos librando un duelo de perfiladores.

A lo largo de extenuantes horas de reunión el ejecutivo aplicó técnicas de negociación del Kremlin que se fundamentan en que debe haber un ganador y un perdedor. Acudiendo a los siguientes puntos:

1. Tomar una postura dura. Se trata de contraerse, no mostrar ningún gesto en el rostro, callar y escuchar atentamente; esto le permite dirigir la negociación en la dirección que le conviene.
2. Obtener mayores réditos. Se considera que la otra parte debe tener menos beneficios.
3. Ceder poco o nada. Las concesiones son las mínimas posibles esto genera una sensación de poder y hace que el valor del otro caiga.
4. Pedir grandes mejoras. En otras palabras "pedir hasta para llevar". Las expectativas se hacen muy altas para que los acuerdos finales den la sensación de que se logró el cometido.
5. Cuestionar todo. Al controvertir todo y dejar que la otra parte hable se induce al error, hasta el punto que se cuentan cosas de más y sin ser consciente se puede terminar ofreciendo un mejor acuerdo.

Sanclemente se negaba a entender el por que la papelera asumiría el pago por nuestra materia prima, nosotros que no caimos en la celada entendimos que era el momento de ofrecer una salida honrosa. Mauricio dejó la tarjeta de Green Works Company sobre la mesa, a lo cual el Gerente de Compras mostró un desinterés oceánico.

23

Las mañas de dos zorros viejos versus los trucos nuevos

Por esos días, del lado nuestro, entró al campo de juego un tercer elemento cuyo *modo operandi* nosotros desconocíamos. Hablamos de nuestro inversionista Franco Martínez, que cierto día pidió conocer a Juan Esteban López.

El encuentro de los cuatro tuvo lugar en Medellín. En un primer momento, nosotros creímos que Martínez deseaba hacerle seguimiento a su inversión. Equivocación total. Cuando el inversor se enteró de que López tenía un emprendimiento relacionado con tecnología y que, además, necesitaba una inyección de capital, Franco ofreció darle un impulso con un escaso capital semilla. Dicho y hecho. Al día siguiente, a las once de la mañana, el aporte se hizo efectivo. Lo curioso de ese gesto, en apariencia generoso y desinteresado, es que, al despedirnos, al regresar al vehículo, Martínez se frotó las manos con deleite, y dijo: «Este tipo es mío. Este tipo es mío». Mi hermano Mauricio y yo quedamos perplejos. No pronunciamos palabra hasta llegar a Pereira, tratando de descifrar el gesto de Martínez y acordándonos de las múltiples prevenciones catastróficas hechas por nuestro abogado: «Este personaje es de los que usa un martillo para matar un piojo sin detenerse a pensar en los destrozos que causaría en la cabeza».

Antes de calificar el proceder de Martínez, me permito recordarles que en todas partes se cuecen habas.

24

Salvatore Venturini, retrato de un obstructor

En abril de 2011, mi hermano Edwin y yo viajamos a Lima, invitados por la planta papelera de Kimberly en Perú, que generaba 300 toneladas de lodo diarias. (Un problema que nosotros podíamos resolver).

A través de Juan Esteban López, presentamos nuestro proyecto con tan buen tino que la plana ejecutiva se mostró muy interesada. Al conocer nuestras aspiraciones económicas, se manifestaron dispuestos a negociar. Sin embargo, a pesar de los buenos augurios de ese paso, el proceso se estancó de un momento a otro.

A comienzos de 2012, fuimos a El Salvador a brindarle asesoría a una planta papelera de la familia Cohen, dueña de Chiquita Banana. Estando en esa gestión, recibimos la noticia de que, por arte de la coincidencia, Salvatore Venturini, Vicepresidente Ambiental de las plantas papeleras de Kimberly Clark en Latinoamérica y jefe directo de nuestro amigo López, también estaba de visita en la capital salvadoreña y, como atributo de la casualidad, se estaba hospedando en el mismo lugar que nosotros: el hotel Hilton.

Para no romper los protocolos, y mucho menos invadir el espacio del alto ejecutivo, a través de López tramitamos una entrevista formal, cuya autorización requirió aprobaciones de Colombia y Estados Unidos.

La respuesta de Salvatore Venturini nos dejó fríos:

—No me interesa hablar con los hermanos Quiroz.

Hasta ese momento, como si se tratase de un juego de ajedrez, habíamos hecho cuatro movimientos: 1) Una cita venturosa con el Vicepresidente de Operaciones para Latinoamérica en Puerto Tejada (Cauca). 2) Una entrevista enrevesada con el financiero de la papelera transnacional, en Bogotá. 3) Un pitch en Lima, de buen arranque, pero que fue congelado poco después. 4) Y un contacto fallido con Venturini.

Tiempo después nos enteramos de que Salvatore Venturini, en efecto, era quien bloqueaba nuestro avance. Apenas llegaban a su oficina, nuestras diligencias y solicitudes eran dirigidas a los archivos. ¿Qué estaba pasando allí? ¿Qué causaba la predisposición de este ejecutivo, que ni siquiera nos conocía? Poco después supimos que su malquerencia no tenía nada que ver con nosotros, ni con nuestro proyecto (que le impresionó desde el primer instante). El origen de su renuencia manifiesta provenía de una antigua rivalidad laboral que él sostenía con Juan Manuel González, el ejecutivo que nos abrió la primera puerta de Kimberly Clark. Se trataba, pues, de una animadversión heredada.

Al regresar a casa, analizamos nuestra estrategia y nos percatamos de un hecho significativo: las puertas que habíamos tocado pertenecían a mandos medios. Hasta ese momento, habíamos respetado la cartilla de la ponderación que prescribe subir peldaño a peldaño, pero sin progreso evidente. ¿Qué hacer para salir de semejante atolladero? ¿Cómo? ¿De qué forma? Había que cambiar de táctica. Nosotros necesitábamos poner el servicio de Green Works Company en el corazón de Kimberly Clark. Y eso solo podíamos lograrlo con una cosa: ¡un golpe audaz!

25

El episodio del iPad

A veces, las soluciones más potentes y rompedoras son las más simples. Tan simples que a veces rozan la insensatez. A lo largo de la historia, muchos enigmas trascendentales para la humanidad fueron resueltos por actos de sentido común. O al revés: por actos ilógicos, absurdos e intrépidos, algunos considerados unas auténticas serendipias.

Una cierta mañana, yo visité una tienda de computadores para comprar un iPad que deseaba regalarle a un sobrino con ocasión de su cumpleaños. Al leer las especificaciones del dispositivo, observé que era una mezcla de teléfono y laptop, y al instante dije: «¡Eso es!».

La mañana siguiente, Edwin y yo grabamos unas imágenes del proceso básico de nuestra planta, desde la llegada del lodo papelero hasta su transformación en ladrillos, y ese mismo día, antes de que una voz razonable pretendiera apagarnos la inspiración, mandamos el iPad a la casa matriz de Kimberly Clark, ubicada en Dallas. Se lo remitimos al CEO de la organización empresarial.

En la caja del dispositivo escribimos una frase:

Mr. Thomas J. Falk
Here you will find the only solution to
your environmental problem in the world:
the paper mill sludge.
Please take your time to view the video.
Regards,
Green Works Company.

¡Jamás calculamos, ni siquiera en el mejor de nuestros sueños, que ese pitch audiovisual sacudiría la organización Kimberly Clark del modo estruendoso en que lo hizo!

Una mañana, cinco días después, recibimos una llamada desesperada de Juan Esteban López, quien estaba al borde de la histeria.

—¿Ustedes qué hicieron, por Dios? —dijo, aterrado—. En primer lugar, ese iPad fue considerado un intento de soborno. Las políticas de la compañía estipulan que el CEO no puede recibir obsequios cuyo valor excedan los cinco dólares. En segundo lugar, al proceder de Colombia, el paquete sospechoso activó el protocolo de seguridad desencadenando un operativo que incluyó perros antiexplosivos.

Miré a Edwin, muy preocupado.

—¿Eso qué significa? —le pregunté a López—. ¿Que la embarramos?

—No tengo la más mínima idea —respondió el ejecutivo—. Lo único que sé es que al final del día el CEO y la plana mayor de la compañía vieron su video. Toda la organización, para bien o para mal, desde Inglaterra hasta los Estados Unidos, hoy sabe quiénes son los hermanos Quiroz de Pereira, montañas de Sudamérica.

Una semana después, hubo contacto. Bueno, casi. Una secretaria de Kimberly Clark solicitó nuestra dirección para devolvernos el iPad.

Entre tanto, mientras nosotros cavilábamos cómo trepar aquella montaña inexpugnable que nos negaba el paso, nuestro inversionista, incitado por sus cantinezcos y pendencieros asesores, no cesaba de exigirnos resultados.

—Cero y van cinco —dijo, recordando nuestras tentativas—. ¿Ahora qué viene?

—Vamos a la feria de papeles suaves de Miami —le respondimos.

—Me parece bien —dijo, y agregó—, pero esta vez no van solos.

Lo primero que pensamos fue que Franco Martínez viajaría con nosotros. Edwin y yo nos miramos aterrados, al recordar la forma como el inversor intentó granjearse la simpatía de López. A pesar de que la corrupción permea ciertos ámbitos, en muchas esferas aún prevalece la honradez, y las dádivas de Martínez no son de buen recibo, por decir lo menos. Para nuestro sosiego, no era el inversionista quien viajaba con nosotros.

—Unos amigos me recomendaron una firma de buenos abogados, tomen una cita y se presentan —dijo el empresario.

26

Feria de papel Tissue World Miami

Los asesores mencionados por Franco Martínez resultaron ser la prestigiosa firma de abogados Olarte & Moure, radicada en Bogotá. Uno de los socios de ese bufete, Carlos Olarte, era un hombre de mundo. Había nacido en Colombia, crecido en Perú, estudiado en Estados Unidos y, para remate, tenía fenotipo de senador norteamericano.

Nos reunimos con ellos, y les informamos que la razón principal por la cual deseábamos asistir a la feria de papel de Miami —máxima vitrina de ese sector en América—, era contactar a un personaje de difícil acceso al que ya teníamos perfilado en frío[†]. Se trataba, en efecto, del indio Suhas Apte, Vicepresidente Global de Sostenibilidad de Kimberly Clark Corporation. El evento declaraba su apertura oficial con una conferencia dictada por Suhas Apte.

¿Cómo interpelar a aquel gurú del papel, que andaba cubierto por un séquito de diez feroces ejecutivos y asesores y que adondequiera que iba era hostigado por radicales ambientalistas que rechazaban la tala de árboles y acusaban a la compañía de saturar los vertederos con desechos tipo lodo papelero?

Esa era el interrogante que el "pool" de abogados nos ayudaría a resolver.

¿Recuerdan ustedes esos thrillers de suspenso que muestran, paso a paso, los preparativos del perpetrador antes de dar el golpe? Así lo hicimos nosotros y los abogados: armados con tarros de café,

---

[†] «Perfilación en frío» es el nombre que le damos al arte de observar y deducir rasgos de la personalidad de un individuo a la distancia.

marcadores y pizarrón. Al cabo de varios días de preparativos, luego de estudiar los planos, accesos y programación de la feria, diseñamos una estrategia, planificada centímetro a centímetro y minuto a minuto. La idea básica consistía en emboscar a Apte en un stand esquinero, por donde el hombre debía pasar al dirigirse a la salida.

Aún recordamos la compra de ese stand, crucial para el éxito del operativo, como uno de los procesos más dispendiosos que mi hermano y yo hemos tenido que realizar.

A diferencia de los recursos promocionales de última generación que exhibían los stands vecinos, nuestro puesto no era gran cosa. Un televisor con tres piezas documentales de tres minutos cada uno. Y una casita de arcilla papelera, tipo souvenir. Nada más. Nuestra bonita colección de ladrillos macizos atrajo la atención de los agentes de la aduana, y nunca salió del aeropuerto.

La verdad era que a nosotros no nos interesaba cautivar la atención de los asistentes a la feria. Solo queríamos cortarle el paso a un individuo y ponerle una tarjeta de presentación en las manos.

Nuestra arma secreta y fachada de la operación era un hombre: el abogado Carlos Olarte, 180 centímetros de altura, mono, ojiazul, cabellera impecable, corpulento, parlante de un inglés nativo. En perfilación existe algo que llamamos paralenguaje. El tono de la voz y el modo de expresarnos revelan sentimientos, intelecto y nivel cultural. El paralenguaje incluye tres componentes: la dicción, la fluidez verbal y por último la entonación, atributos que Olarte dominaba a la perfección.

Para rematar el perfil, Olarte poseía un rostro amigo de la prosperidad. Cual juicioso actor ante una audición, Olarte memorizó un pequeño libreto que le escribimos, incluyendo unas variantes de abordaje, en caso de que le tocara improvisar.

A las 8:00 en punto del día señalado, Mauricio, Olarte y yo, los tres con trajes ejecutivos, ajustados a nuestra medida, camisas blancas y trajes de colores oscuros tomamos posición. A las 9:00 en punto, como estaba previsto, empezó la conferencia de Suhas Apte. A las 09:57 oímos los aplausos. Habíamos cronometrado la distancia entre nuestro stand y el atril de la conferencia. Contamos los minutos. A las 10:10, apareció Suhas con su escuadrón de asistentes. En ese momento, nos percatamos de un detalle que no habíamos ensayado. ¡Suhas traía su teléfono móvil pegado al oído y caminaba presuroso! Por fortuna, Olarte nos salvó la patria. Lo hizo con un saludo espontáneo y directo, propio de quien el fin de semana anterior había jugado golf con el ejecutivo indio.

—¡Hey, Suhas! —le dijo, y agregó una frase casual: ¡It's wonderful to see you again!

Suhas Apte mordió la carnada de la simpatía. Se detuvo, le entregó el teléfono a un subalterno suyo y se acercó a Olarte con la cara de quien piensa: «este tipo me conoce, pero no recuerdo dónde rayos lo he visto». Olarte, sagaz, no lo dejó pensar y siguió metiéndole conversación de viejo conocido. Suhas, embotado por la confianza del tipo familiar, le preguntó algo equivalente a: «¿Qué más? ¿Tú qué haces por aquí?».

Olarte soltó el guion memorizado. «Estoy aquí con los hermanos Quiroz, quienes tienen la clave para que los ambientalistas no te vuelvan a armar manifestaciones».

Suhas, aún más desconcertado que antes, se acercó a nuestro stand, puso su portafolios sobre nuestra mesa de exhibición y miró con interés un video corto sobre la transformación del lodo papelero en ladrillos.

El ejecutivo miró a Olarte y le hizo la pregunta primordial:

—¿Yo por qué no tengo esto en las plantas de mi empresa?

Carlos Olarte, hombre con estilo, no mencionó los palos atravesados de Salvatore Venturini, pero aludió que habíamos tenido varios tropiezos en Latinoamérica, «cosas normales de estos procesos. Tú me entiendes».

Entonces ocurrió. Suhas Apte nos miró a Mauricio y a mí, y sonrió.

—¡Ya! —exclamó, entendiéndolo todo—. Ustedes son los tipos del iPad. Un minuto después, el alto ejecutivo levantó la mano y se alejó.

La misión estaba cumplida.

En el bolsillo de su chaqueta, Suhas Apte llevaba la tarjeta de Green Works Company.

El camino volvía a estar destapado.

Respecto al tema de los encuentros y contactos, los peritos del FBI llaman la atención sobre la *mirada preeminente*. Una persona de alto estatus tiene la tendencia de establecer más contacto visual sin importar si habla o escucha. Por el contrario, quien se cree menos poderoso que su interlocutor, tiene más contacto visual al escuchar y menos al hablar. (Algo muy importante: dicho contacto no debe exceder los 4 segundos). Está comprobado que tendemos a favorecer a aquellos que hacen contacto visual directo con nosotros.

Veinte días después de contactar a Suhas Apte, el Gerente de Kimberly Clark, sede Medellín, nos llamó para informarnos que, la semana siguiente, el Vicepresidente Financiero de la compañía llegaba desde Gales a Pereira, con la misión de validar el proceso de Green Works Company.

De inmediato, estimulados por la buena estrategia de Miami, el bufete de Olarte & Moure y nosotros nos pusimos en la tarea de perfilar al alto ejecutivo. Supimos que le encantaba la pesca y que estaba casado con una coreana. Le diseñamos un plan de seguridad, desde el aeropuerto hasta la planta y embellecimos en tiempo récord el campus de nuestra planta.

Los agentes de Kimberly en Colombia solo nos dieron una sugerencia de etiqueta: «A partir del momento en que el caballero descienda de su jet privado, todos los diálogos deben ser en inglés».

La visita fue breve, pero fructífera. El hombre y su comitiva llegaron a las 10 de la mañana y hacia las 2 de la tarde ya iban de regreso a Cardiff. Los visitantes observaron el proceso automatizado de conversión, desde la llegada de los camiones cargados de lodo papelero hasta la ubicación de los ladrillos en los campos de secado, con emisión cero de residuos.

Antes de partir, después de probar un cóctel de frutos de la región, el ejecutivo agarró uno de los ladrillos que estaban exhibidos en una mesa y declaró su admiración con una pregunta laudatoria:

—¿A ustedes en Colombia qué les dan de comer?

Sonreímos con gratitud por el reconocimiento:

—Desde hace décadas —explicó—, nosotros hemos financiado laboratorios, patrocinado investigaciones y ensayado alternativas procurando resolver el impasse del sedimento, y no habíamos podido dar con una solución óptima como ésta.

Esa validación comercial equivalía al 50% de la aprobación. Nuestro proyecto aún debía superar otra calificación: la ambiental.

Una semana después, gracias a una confidencia de Juan Esteban López, nos enteramos de que, antes de subir a su avión, el financiero galés miró a uno de sus subalternos, y le preguntó:

—¿Qué oficina maneja la operación de Colombia?

—La vicepresidencia ambiental de Latinoamérica.

—Autorice, a quien corresponda, que venga a validar este proceso.

Resta un pequeño detalle.

El ejecutivo que estaba a cargo de la vicepresidencia ambiental de Latinoamérica, quien debía darnos la aprobación final, era Salvatore Venturini.

Sí. Hoy lo sabemos. La vida tiene sentido del humor.

27

Operación Venturini

Sirva el episodio de Salvatore Venturini para pintar, de manera gráfica, uno de los escenarios más difíciles de manejar en el contexto empresarial.

Existe una expresión popular que reza: «Cuando vayas a un restaurante, nunca pelees con el mesero que ha de servirte la cena». Pues, ese era nuestro predicamento. Desde hacía meses sabíamos que la mano de Venturini era la que venía torpedeando nuestro ingreso a Kimberly Clark. Lo cómico del asunto era que él y nosotros ni siquiera nos conocíamos. Y lo trágico es que era él quién debía darnos el último aval para emprender las contrataciones.

Sobre la mesa de juntas mi hermano y yo pusimos toda la información que habíamos recabado sobre el personaje, vía redes sociales, a fin de diseñar una estrategia disuasiva encaminada a armonizar nuestro encuentro. Salvatore Venturini, hijo de policía pensionado, era fanático de las armas, le gustaban las camionetas de motores poderosos, tenía cierta manía con el tema de la seguridad y, entre sus allegados, solía presumir su conocimiento de los buenos vinos, afirmando que era un enólogo frustrado.

Con base en esos cinco datos, elaboramos un sabroso guion tipo *Suhas Apte en Miami*, decididos a transformar al renuente Venturini, sino en nuestro aliado más decidido, al menos en un ejecutivo razonable.

Una tarde, en efecto, nos llamaron de las oficinas Kimberly Clark en Medellín para anunciarnos la fecha y hora en que recibiríamos la visita del alto comisionado ambiental. En esa ocasión, a diferencia de los preparativos llevados a cabo con el inspector de Gales, solo nos dijeron: «Ningún protocolo. Ningún requisito. Remítanse a recibir nuestra visita».

En virtud de los antecedentes, nos preparamos para lo peor, pensando que Venturini llegaría presidiendo un cortejo de ingenieros rigurosos, decidido a escatimarnos puntaje. En la víspera de la llegada, llamé a mis contactos en el aeropuerto para indagar en qué vuelo del día siguiente tenía reserva nuestro personaje.

—El señor Salvatore Venturini ya está aquí —me reveló una operaria—. Llegó en el primer vuelo de esta mañana.

Como soldados avisados no mueren en guerra, de inmediato Edwin y yo empezamos a *rodar nuestra película*.

Hacia las cinco de la tarde, una chica con el uniforme y la escarapela de la Alcaldía tocó la puerta de su habitación para entregarle una canastilla de manjares de la región, a nombre de la ciudad de Pereira. Al momento de despedirse, la chica completó el mensaje: «Los hermanos Edwin y Mauricio Quiroz desean saludarlo —le dijo —. Lo esperan en el bar del hotel».

—Dígale a los hermanos Quiroz que agradezco su gentileza —respondió Venturini—. En media hora bajo a atenderlos.

Éramos cuatro los que esperábamos a Venturini. El Sr. Coronel Comandante Operativo de la Policía de Pereira, que se movilizaba en una camioneta oficial, escoltada por agentes motorizados; el conocido empresario de la construcción Jairo Quintero, en su vehículo blindado; y mi hermano y yo.

Desde el primer saludo, Salvatore Venturini se reveló como un hombre cordial, desenvuelto y espontáneo que nada tenía que ver con el tipo que los antecedentes describían como seco, áspero y reticente. Nos tomamos un trago y, antes de las seis, aceptó nuestra invitación a cenar en un restaurante, cuya sala VIP ya habíamos reservado.

Hacia las siete de la noche, después de tomar varios vinos que Venturini ponderó como si fuera un experto sumiller, un evento inesperado sacudió la velada. Justo en el momento en que nuestro invitado decía «Soy un enólogo frustrado», el Coronel de la policía, que hasta entonces había hecho gala de gran simpatía, recibió un mensaje radial que desencadenó su ira santa. El hombre lanzó rayos y centellas con términos de grueso calibre, por causa de un homicidio que acababa de suceder en la ciudad.

Edwin y yo nos miramos, pensando en cómo corregir esa salida de libreto. Para nuestra sorpresa, Venturini, asaltado por un golpe de nostalgia, se sacó un pañuelo y se limpió los ojos encharcados. «Mi viejo fue coronel de la policía», dijo.

Cuando el comandante regresó a la mesa, pidió disculpas y trató de explicar su conducta desaforada.

—Tengo tres mil quinientos hombres en las calles —explicó—, y ninguno pudo evitar ese crimen.

—¡Más vino, por favor! —exclamó Venturini, amigo de los policías y de las armas.

Yo miré al comandante.

—Coronel —le dije—, siendo usted el policía más importante de la región, imagino que su arma es especial. ¿Me la permite?

Venturini apuró un trago de vino, expectante. El comandante tomó su pistola, le sacó el proveedor, le retiró la bala de la recámara y me la entregó. Yo miré el arma aparentando emoción, pues las armas no son mi especialidad, y luego se la pasé a Venturini, quien expresó primores del artefacto: «Yo tengo esta pistola en casa —dijo—. Soy coleccionista».

Después de la cena, y un poco más de vino, regresamos al hotel. Desde ese momento, una patrulla y dos agentes motorizados quedaron apostados en el hotel Movich, escoltando al ilustre visitante.

Al día siguiente, a las 10 de la mañana, en medio de una caravana oficial, Salvatore Venturini, nuestro nuevo mejor amigo, fue conducido a la planta de Green Works Company.

Doce días después, al cabo de dos años de alegre y terca insistencia, nosotros teníamos en nuestras manos el primer borrador del contrato.

Había un elemento plus, que saludamos como un guiño de la diosa fortuna. Aparte de procesar el lodo papelero de las tres plantas de Kimberly Clark en Colombia, se abría también la posibilidad de que nuestra empresa Green Works Company abriera filiales internacionales para prestar sus servicios en las plantas de Kimberly Clark en Uruguay, Salvador y Perú.

—¿Un avión? —repetí yo, sorprendido, cuando Edwin me planteó la necesidad de comprar un jet.

—Es la única forma de atender nuestras operaciones en los cuatro países —explicó mi hermano.

Esas eran nuestras proyecciones un día antes de que la vida, —la maestra vida—, nos enseñara la más grande lección que un emprendedor puede recibir. Que ningún contrato del mundo está firmado hasta que está firmado.

Capítulo VI

Apología de las historias poderosas

La motivación es aquello que nos marca el camino a seguir, el motor adonde queremos llegar, mientras la ilusión es tan solo un estado de ánimo. Diferenciarlas nos permitirá seguir en el camino pese a las dificultades.

28

Una despedida súbita, como la muerte misma

El año 2013 arrancó con brisas de buenaventura. La esperanza era tangible. Casi se podía respirar.

El preacuerdo celebrado entre Green Works y Kimberly Clark constaba de tres puntos esenciales: 1) El precio de la conversión del lodo papelero se pactó en 14 dólares por tonelada. 2) Nuestra planta se construiría dentro de su campus industrial. Y 3) Nuestros trabajadores podían usar su transporte y su casino.

Se trataba de un contrato excelente para ambas partes, tanto en términos operativos como financieros. Pese al ambiente de victoria, otra cosa pensaba Franco Martínez, nuestro inversionista, quien, ilustrado por su círculo inmediato, empezó a manifestar que el precio acordado constituía un regalo inaceptable.

Tan convencido estaba Martínez de su demanda que comenzó a presionarnos para modificar lo acordado. *Que hagan una contraoferta. Que ustedes no valoran su trabajo en su justa medida. Que mi aspiración es de 30 millones de dólares por delante.* Intentamos aplacar su inconformidad. Le recordamos las prolongadas sesiones de trabajo que nos habían conducido hasta aquel consenso. Le dijimos que ese tipo de contraofertas extemporáneas no eran de buen recibo a esos niveles. Y fuimos enfáticos en señalarle que las multinacionales no funcionaban de esa manera.

El genio asesor de Martínez era su cuñado Carlos Barragán, un contabilista que cinco décadas atrás había sido gerente de una sucursal bancaria. Barragán era fácil de leer. Se tocaba con frecuencia el nudo de la corbata o el cuello de la camisa del mismo modo que las damas juegan con su collar. En perfilación esa acción se llama *gesto apaciguador* y es propia de las personas tensas, ansiosas o incómodas. Cuando Barragán no tenía corbata, solía cubrirse el cuello con la mano, tocando repetidas veces su hueco supraesternal, al tiempo que se ventilaba con afán. Era evidente que algo no andaba bien con el hombre en quien Martínez depositaba toda su confianza. Muy pronto, los reparos, que hasta ese momento consideramos pintorescos, cambiaron de color. El miércoles 21 de enero, Franco, después de un diálogo telefónico, me dijo: «Viajo mañana a Pereira para hablar del negocio». La idea nos pareció oportuna porque al día siguiente, el viernes 23, debíamos entregar nuestras últimas acotaciones al borrador del contrato propuesto por la oficina jurídica de Kimberly, a fin de elaborar el documento final.

El 22 de enero, en efecto, en compañía de mi hermano Mauricio, quien estaba cumpliendo años, llegamos al hotel Movich a entrevistarnos con el inversionista. Lo acompañaba Carlos Barragán, quien nos saludó con espíritu filial y caluroso como si fuera nuestro padre.

Franco fue al grano: «Muchachos, yo creo que ustedes han estado en la gerencia de Green Works el tiempo suficiente. Ustedes arrancaron esto de ceros y, a punta de talento, han llevado el negocio a un momento cumbre. Soy el primero en reconocer la calidad de su gestión y, por eso, los felicito. Sin embargo, como accionista importante, quiero proponer un relevo administrativo. Me gustaría tener la gerencia de aquí en adelante. Creo que es una aspiración justa. ¿No les parece?».

Mi hermano Mauricio y yo nos miramos, intentando leer y descifrar la propuesta del empresario. Pudimos haber escudriñado mejor sus razones. Pudimos haberle solicitado un plazo mínimo de veinticuatro horas para responderle. Y pudimos, incluso, habernos acordado de las múltiples advertencias de nuestro abogado, quien nunca desactivó sus prevenciones respecto a Martínez. Un poco de malicia, solo un poco, habría impedido la catástrofe. Sin embargo, lo que hicimos fue todo lo contrario: acordarnos del voto de fe que Franco, sin conocernos ni saber nada del ámbito de la innovación, nos otorgó tres años antes, cuando nos preguntó: «¿Cuánto dinero necesitan, muchachos?».

Ese recuerdo de fidelidad, a nuestro modo de ver, merecía reciprocidad. Bajo esa perspectiva sí era justo. Asumimos que era equitativo que después de tres años de estar nosotros al frente de la empresa, hubiese relevo.

Franco abrió su portafolios y me extendió un acta de siete cuartillas y muchas cláusulas que leí a vuelo de pájaro. Firmé con desinterés y le cedí la gerencia general a Carlos Barragán. Martínez estampó su firma y le pasó el documento a su cuñado, el nuevo Gerente.

Carlos metió los papeles en una carpeta, nos miró a Mauricio y a mí, y borró su sonrisa:

—Ustedes dos están despedidos —dijo—. De aquí en adelante, yo me encargo.

Miré a Franco.

—Bueno, muchachos —dijo—, yo creo que todo ha quedado claro. Que tengan buen día.

A las dos de la tarde, nos enteramos de que nosotros habíamos perdido el gobierno de la empresa un mes antes. De modo que, aunque hubiésemos opuesto resistencia, ya nada se podía hacer. Franco, en contubernio con Carlos, se había ganado la mayoría absoluta, mediante un préstamo estratégico que le hizo a Ignacio Fuentes, el tercer accionista.

Así le dijimos adiós a nuestra compañía. Una mañana salimos de nuestras casas con una empresa que sacar adelante y, a prima noche, fuimos a visitar a nuestra madre con las manos metidas en los bolsillos, sin barco que dirigir.

29

Un avión de papel se precipita en el lodo

El golpe maestro asestado por Franco Martínez fue exitoso. Carlos Barragán, su hombre confianza, era el flamante Gerente de Green Works Company. Ignacio Fuentes, por su parte, fue nombrado Gerente Operativo de la planta, en reemplazo de nuestro hermano Adam.

Los tres hombres tenían en sus manos una empresa viable, exitosa, tachonada de premios nacionales e internacionales en materia de innovación, con patente de invención internacional y, lo más envidiable, con dos clientes efectivos: Papeles Nacionales y Cartones y Papeles, cuyos contratos esperaban renovación, en la planta de Pereira. Y un contrato fabuloso, *ad portas* de ser firmado, con Kimberly Clark Corporation.

El problema de ese triunvirato era su impericia crasa en el sector papelero, que no tenía antecedentes por ser una innovación inédita y que permanente exigía ajustes sobre la marcha, como todo concepto prototipo. Ignacio Fuentes, Ingeniero Mecánico como yo, era experto convirtiendo el estiércol en alimento concentrado para aves. Pero nada sabía del comportamiento del lodo. El despistado Carlos Barragán, toda una leyenda en transacciones bancarias ya caducas, sudaba petróleo cada vez que leía la naturaleza del precontrato establecido con Kimberly, donde la maquinaria, los procesos y los servicios ofrecidos por Green Works debían ser fabricados desde cero, desde planos de papel, con base en el esquema matriz de la planta de Pereira, pero con elementos diferenciales que mi hermano Adam había diseñado y perfeccionado, tras arduas jornadas de prueba y error. Y, para rematar, Franco

Martínez —que usaba las campañas políticas para aceitar su tráfico de influencias—, creía que el ejercicio del lobbying consistía en repartir sobornos y ofrecer prebendas a dondequiera que iba a fin de obtener aprobaciones ejecutivas.

La sumatoria de esas tres marcas personales fue lo que selló el derrumbe estrepitoso de la próspera empresa.

Dos semanas después de nuestra ruptura, Martínez, en compañía de sus abogados, nos contactó para hacernos una oferta propia de su estilo: «Me compran la empresa o yo se las compro».

Nuestro abogado nos llamó aparte y nos ofreció su concepto:

—Vendan, que el nuevo Gerente trajo la peste —dijo—. La empresa se está desmoronando a pedazos.

Tres meses después, ese parecer se convirtió profecía.

Un día, el Gerente de Papeles Nacionales me llamó escandalizado para informarme que, en el curso de su primera cita con Carlos Barragán, éste le había propuesto un entendimiento subterráneo, mediante un eufemismo inaceptable. «En reconocimiento a nuestra amistad —me dijo el ejecutivo—, te llamo para decirte que finalizaré el contrato que esta compañía celebró con Green Works».

Por su parte, Cartones y Papeles me comunicó que, aunque el contrato suscrito tendría término, no sería renovado.

Como era previsible, Kimberly Clark Corporation, a través de un email, declaró inválido su precontrato con Green Works Company y se negó siquiera a recibir al nuevo gerente para pactar nuevos precios.

Al verse sin clientes, sin contactos ni credenciales, Carlos Barragán resolvió irse de Pereira. Una tarde liquidó a los empleados y la mañana siguiente mandó a desmontar la planta y a recoger las máquinas. Lo hizo con la misma celeridad que se recoge la carpa y los aparejos de un circo. Dicen que decidió probar suerte en Cali.

30

Un duelo se transforma en una empresa festiva

La gestación de Green Works Company fue un himno a la amistad. Cada vez que evocamos a esa empresa, vemos ante nosotros una multitud de manos extendidas de amigos y familiares. Ellos estuvieron siempre ahí: antes, durante y después. Estuvieron ahí en los momentos febriles de la imaginación, en las tardes sombrías de la necesidad y en las horas sublimes del triunfo. Por supuesto, en el día del desplome, suyos fueron también los momentos de consuelo. Ellos asumieron la pérdida de Green Works como la muerte de un ser querido.

Apenas se enteraron del hecho, esos amigos mayúsculos visitaron la casa materna, incrédulos y compungidos, para expresarnos su pésame. Como en todo velorio, pidieron conocer los eventos que precipitaron el fin de la empresa, pero, al mismo tiempo, por efectos de la melancolía, solicitaron que les contáramos la aventura creativa que la hizo posible.

Mi hermano Edwin y yo nos sentábamos en los dos sofás de la sala, y los visitantes arrimaban sillas para oír nuestra narración, mientras mamá, cual amable doliente, cada tanto se acercaba con una bandeja a ofrecerles café, galletitas y postres. Como lo habrán notado, estábamos viviendo una auténtica terapia de duelo.

Esos amigos les referían nuestro cuento a sus allegados, y éstos, a su vez, llenos de sana curiosidad, nos visitaban para oír nuestros testimonios en primera persona. La cosa alcanzó tal tamaño que un sábado, Edwin y yo contamos tres veces la historia ante auditorios que excedían las veinte personas. Muy pronto notamos que nuestro relato elevaba el espíritu de los oyentes. Enaltecía. Entusiasmaba.

—Me voy con las pilas recargadas —decían al partir de casa.

—Ahora sé lo que tengo que hacer —también solían decir.

En una ocasión, al retirarse, una amiga nuestra le contó a una prima suya.

—Se acabó mi depre —dijo—. Mañana mismo firmo los papeles del divorcio.

Esa positiva recepción tuvo su punto más alto cierto jueves por cuenta del Gerente de la ANDI en Pereira, quien nos visitó para invitarnos a dictar una conferencia ante el gremio industrial.

—Lo que pasa es que no tenemos tema preparado —dijo Edwin.

—Nada de eso —replicó el hombre—. La gente anda pidiendo conocer la historia de su empresa, de principio a fin.

Aceptamos.

Edwin, Adam y yo analizamos el tema y concluimos que el atractivo de la historia radicaba en dos puntos esenciales: espontaneidad sin maquillaje y estructura 100% veraz. Adam, que desde niño fue bueno armando conceptos, propuso poner dos sofás y una mesita en el hall de conferencias, dizque «para llevar la sala de la casa al mundo». Para untarle un poco de pop a la puesta en escena minimalista, buscó tres buenos músicos, que abrían y cerraban el evento con canciones de temporada que subrayaban los puntos de giro del relato, rasgando una guitarra.

De ese modo, Edwin y yo, cada cual en su sofá y cada quién con su micrófono, armamos un pimpón temático que hacía reír y suspirar al público durante sesenta minutos (véase la figura 7). La estructura de la charla era lineal, fluida, surtida de anécdotas, sin saltos temporales, tal como aparece contada en este libro, que, dicho sea de paso, es hijo legítimo de esa conferencia.

En el curso de dos años dictamos cincuenta charlas en Colombia y el exterior, con tan buena acogida que al final de cada evento los asistentes se acercaban a bombardearnos ideas para masificar nuestro mensaje. Que suban su show a la red. Que su mensaje es

FIGURA 7. Mediante esta puesta en escena motivábamos la cultura del emprendimiento y la innovación en miles de jóvenes universitarios a lo largo de todo el continente.

perfecto para inspirar innovadores. Que su conferencia puede ser editada como video o audiolibro, y sería perfecta para regalar esperanza a los seres que amamos. Edwin y yo agradecíamos las demostraciones de simpatía, prometiendo considerar tales sugerencias, pero sin dejarnos seducir, seguros de que no deseábamos ser recordados por una experiencia vital a la que le faltaron tres centavos para llegar al peso y convencidos, muy convencidos, de que a nuestra historia aún le faltaba la parte más suculenta, más encomiable y más luminosa.

Nuestra ponderación estaba bien encaminada.

Una tarde nos llamó nuestro amigo Jairo Quintero (el mismo constructor que, exhibiendo una camioneta blindada, nos acompañó a impresionar a Salvatore Venturini), y nos dijo que un allegado suyo, empresario también, acababa de llegar de los Estados Unidos y estaba interesado en conocernos.

—Ustedes y él deben conocerse —nos dijo el amigo—. Yo sé por qué se los digo.

Ese allegado era Armín Torres.

31

La historia de Armín

Desde niño, y en más de una ocasión, yo había escuchado que hay historias poderosas que recorren el mundo cambiando la vida de las personas. Tales historias viajan a través de muchas formas (una conversación ajena, un libro que alguien te regala, una película, un documental y un largo etcétera) y tienen la facultad admirable de llegar a ti justo en el momento preciso en que tú necesitas conocerlas. Algunos entusiastas atribuyen la ocurrencia de ese fenómeno a los mismos ángeles, ya que operan como auténticas opiniones del destino. A ese respecto, los abuelos solían hacer esta recomendación: «Agradece a los cielos cada vez que una casualidad te toque el hombro. Casualidad es el nombre que utiliza Dios cuando no quiere firmar». Yo siempre percibí esas aseveraciones como conjeturas de gente crédula hasta el día providencial en que conocimos a Armín Torres, cuya historia sacudió nuestra médula emprendedora.

En Colombia, este hombre, innovador por naturaleza, dueño de la firma ochentera *Armín Torres Producciones*, le dio otra dimensión al término espectáculo. Él fue quien sacó a la palabra concierto de los espacios reducidos de los teatros y la llevó a los estadios, dándole a la gramilla y a los palcos de concreto un aprovechamiento escénico masivo que no se le había ocurrido a nadie.

Bajo ese concepto, Armín fue el más entusiasta promotor de la palabra megaconcierto. Él fue quien trajo a Colombia a los más encumbrados artistas latinos de aquella época, tipo Vicente Fernández o Rocío Durcal.

En medio de una cena informal, Armín nos pintó sus tiempos dorados de este modo: «Como no existían los pagos electrónicos, y todo era en efectivo, las taquillas rebosaban de público ansioso y nosotros nos veíamos en la necesidad de meter el dinero recaudado en costales. Esa circunstancia nos llevó a medir la categoría de un artista o el éxito de un espectáculo por el número de sacos colmados de billetes. Que fulano de tal produce tantos 80 sacos. Que fulanita produce 100 talegos. Esa referencia, aunque burda, era necesaria, porque lo peor que podía sucedernos era quedar sin costales donde empacar el dinero».

Al cabo de una década, tras muchos shows de primera categoría realizados por la firma de Armín, llegó 1992. Ese año, el empresario se propuso traer a Colombia a la banda *Guns and Roses*, entonces considerada el máximo ícono de rock en el mundo. Dada la magnitud descomunal del evento, y el fuerte compromiso económico que implicaba la traída de esos artistas, Torres hizo una alianza estratégica con tres promotores importantes de la capital, con quienes ya había emprendido otros espectáculos con anterioridad.

La debacle de ese concierto tuvo nombre y apellido: Hugo Chávez, quien, el martes cuatro de febrero de 1992, al frente de un grupo de militares, intentó perpetrar un golpe de estado en Venezuela contra el presidente Carlos Andrés Pérez. Por causa de ese incidente, los equipos de la banda se retrasaron en llegar a Colombia, y hubo necesidad de cancelar uno de los dos conciertos programados, es decir: «arrancamos teniendo una pérdida del 50%». Para rematar, el segundo concierto fue un desastre: el techo del escenario que trajimos de Miami resultó defectuoso, un aguacero torrencial causó problemas eléctricos en la tarima y hubo desmanes serios en las afueras del estadio El Campín. «Ese *evento torre*, como dirían las abuelas, fue lo que me llevó a la bancarrota total».

Doce días después, apabullado por las pérdidas, malquistado con los socios, criticado por la prensa y con su prestigio hecho añicos, Armín agarró a su esposa y a sus hijos y se largó a New Jersey, Estados Unidos, aprovechando la mano que le ofreció un amigo a prueba de catástrofes, «almas que nunca faltan».

¿Quién dijo miedo? Una semana después, nuestro emigrante —aquel que poco antes utilizaba talegos para empacar la plata—, andaba por el barrio latino de la ciudad con un talego lleno de tamales, «mi esposa hace unos tamales exquisitos», afirmando con convicción que ayudaba a un amigo que estaba en problemas.

Nos contó Armín que, mientras hacía estos recorridos, miraba con ojos detectivescos los negocios, los edificios y las oficinas con el esmero propio de quien andaba buscando algo. «Si Dios, siendo un tipo tan ocupado, me sacó de Colombia y me puso en aquel lugar jamás pensado, debía tener una razón. Y como yo solo sabía hacer negocios, y producir dinero, debía tratarse de eso: de un negocio magnífico. Eso era lo que yo quería detectar, y entre más pronto, mejor».

Una noche, Armín descubrió en su cama lo que andaba buscando en las calles. Ocurre que su mujer, ávida de consuelo y aporreada por la nostalgia, llamaba mucho a Colombia para untarse de familia, gastándose en tarjetas de prepago telefónico gran parte de la ganancia lograda con los tamales, que era muy exigua, por cierto. Pues bien, una de aquellas tarjetas plásticas, manufacturada por una empresa israelí de telecomunicaciones, contenía el *momento eureka* que Armín esperaba.

—¡Lo tengo! —exclamó el hombre, en mitad de la noche.

Era una epifanía.

Su mujer lo miró, recordó que ya había visto esos ojos antes y sollozó.

—¿Es tan bueno como el día en que se te ocurrió usar los estadios como teatro?

Armín le mostró la tarjeta.

—¡Diez veces mejor! —le respondió.

En las semanas siguientes, Armín, en plan de cacería, se dedicó a perfilar a quien sería su próximo socio: el dueño de la empresa israelí. Se averiguó su nombre y le hizo, hora tras hora, una labor de inteligencia dirigida a entender los hábitos y actitudes de su rutina diaria. Cuando se cercioró de que el ejecutivo solía entrar a su edificio veinticinco minutos antes que sus empleados, Armín le aplicó el efecto espejo, y cada mañana, vestido con un traje brillante por el exceso de calor, a pesar de plancharlo al revés, los dos entraban al ascensor dizque por mera casualidad. (En perfilación, esa técnica se llama isopraxis, y consiste en adoptar la postura del otro para generar empatía y facilitar el contacto). Fue tan perfecta su estrategia que el día en que Armín abordó al empresario y le dijo que deseaba plantearle una idea, éste de inmediato pidió que lo acompañara. Una hora después eran socios. El tema de las tarjetas ya es historia. Hoy Armín es dueño de un imperio que tiene satélites en órbita, restaurantes y varios proyectos de comunicación. Vive con su esposa en el mejor lugar del centro del mundo. Es decir, en Nueva York. En el piso 51 de un edificio de Manhattan, situado a medio camino entre el Empire State y el Madison Square Garden.

Al contarnos su historia, Armín nos reveló que la vida a veces te retuerce las cosas para ponerte a ti en el lugar y momento precisos. Y que esos eventos que solemos llamar mala hora, fracaso o tragedia, en su gran mayoría, son bendiciones disfrazadas. Armín nunca fue consciente del impacto sanador que tuvo en nosotros la narración de su relato. Y mucho menos sabe que lo que nos ocurrió después, en gran medida, se debe al consejo no solicitado que nos dio la noche en que nos conocimos.

—Por nada del mundo cambien de rumbo —nos dijo—. Si quieren tener más epifanías, sigan la línea del emprendimiento.

32

El crucero del emprendimiento

La innovación papelera nos brindó dos elementos esenciales para nuestra carrera: prestigio emprendedor y solvencia económica, factores esenciales para explorar nuevas ideas y establecer contactos estratégicos.

En un primer momento, quisimos desarrollar un pegante creado por nosotros que, según pruebas de laboratorio, es más fuerte y más barato que el cemento. Pero la intuición —voz que tantas veces nos ha conducido—, nos sugirió hacer una pausa prudencial antes de saltar de la industria papelera a la industria de la construcción.

Luego, empezando 2014, motivados por Armín Torres, visitamos una papelera en Memphis, Tennessee, con la intención de tantear el terreno. La idea del ladrillo papelero gustó mucho, pero las normas norteamericanas para certificar el producto, costosas en tiempo, nos hicieron archivar la iniciativa.

Más tarde, hacia 2015, advertimos que nuestra conferencia se había transformado en un producto de entretenimiento, pues, aparte de Colombia, habíamos dictado charlas en El Salvador, Perú, Uruguay y Estados Unidos.

Un día, en viaje de Nueva York a Bogotá, mi hermano Mauricio y yo nos pusimos a conversar sobre el tema, y dijimos: «Si a la gente le fascina los *making off* del emprendimiento, por lógica, también debe gustarle el arte de emprender. En estos momentos, hay jóvenes audaces inventando cosas embrujadas en patios, garajes y talleres. Y las universidades están atestadas de proyectos esperando padrinos. Sabiendo eso, busquemos a esos muchachos, seleccionemos las mejores iniciativas y embarquémoslos en un crucero que los lleve a hacer un periplo por las islas del Caribe. En ese buque, con capacidad para cien pasajeros, viajarían los concursantes, los asesores legales, técnicos y financieros, los jueces calificadores y los inversionistas. El costo del crucero sería financiado por las empresas».

Cuando Nicanor Restrepo Santamaría, Presidente del Grupo Empresarial Antioqueño (fallecido en 2015), oyó nuestra idea exótica, dijo: «¡Háganle, muchachos!». Hicimos la convocatoria por Facebook. En treinta días, se inscribieron cerca de 3500 propuestas. Nos plantearon ideas irrisorias, es cierto. Pero también hubo unas iniciativas geniales que dejaban abrumados a los seleccionadores: «¿Esto es real?, se preguntaban atónitos. ¿Esto fue concebido en Colombia?».

En ningún momento el crucero fue imaginado como reality para televisión, aunque sí implicaba una competencia. Al final, los proyectos ganadores, tras superar varias etapas, obtenían inversionistas.

El concurso fue difundido por City TV, de la casa editorial El Tiempo, y por Revista Semana, gracias a una entrevista que nos hizo un periodista. Tres días después de esas publicaciones, recibimos una llamada inesperada.

—Buenos días, ¿hablo con los hermanos Quiroz?

—Mucho gusto —le respondí—. Le habla Edwin. Usted está en altavoz. Mi hermano Mauricio también le escucha. ¿En qué podemos servirle?

—Me llamo Pablo Garro, y soy director de televisión —dijo la voz—. Vi la noticia de *El crucero del emprendimiento* que ustedes están organizando. Les pido que me concedan una cita.

Mauricio y yo nos miramos, interrogantes.

¿Qué cosa se le había ocurrido al argentino Pablo Garro, director de exitosos realities musicales y muchos otros productos de aventura y telerrealidad?

Capítulo VII

El Gran Inventor

Una buena idea puede cambiar el mundo.

33

¿El emprendedor nace o se hace?

El tema es excitante.

Todavía es la hora en que mi hermano Mauricio y yo, a pesar de los proyectos emprendidos y las decenas de empresas que hemos visto fundarse en el curso de nuestro camino, aún no hemos dilucidado a plenitud si el emprendedor nace o se hace. Respecto a esa cuestión, los pesos pesados de la creatividad empresarial están divididos.

En primer término, unos afirman, con sólidos argumentos y pruebas consistentes, que se trata de una cualidad innata. Que las personas nacen con el *espíritu del emprendimiento* instalado en el alma. Ellos aseveran que, provistos con su *programa creador*, estos individuos audaces —sin importar su origen ancestral, su medio ambiente, su estrato social, su educación, su situación económica o sus limitaciones—, siempre encuentran el modo de abrirse campo y hallar el nicho de negocio preciso donde forjar su imperio. Los ejemplos son incontables. A este respecto, el empresario colombo-francés Jean Claude Bessudo, promotor decidido de centenares de emprendedores y autor de la improvisación estratégica, tiene la convicción profunda que el *espíritu creativo* es como la fe, se tiene o no se tiene.

En segundo lugar, otras voces autorizadas sostienen que el emprendedor se hace. Que las personas tienen las mismas capacidades de superación, éxito y riqueza, siempre y cuando aprovechen en forma disciplinada las múltiples herramientas y oportunidades que a todos nos ofrece el mundo en que vivimos. Como prueba de lo dicho, este grupo señala que la oleada de inventos e inventores que definen a los tiempos actuales es proporcional al vasto cúmulo de información y conocimientos que circula de manera libre, a disposición de todos por igual.

El tema es interesante. Mauricio y yo, que hacemos parte de una nueva cepa de empresarios, aún no nos atrevemos a aventurar conclusiones. Lo que sí sostenemos como hecho irrevocable es que el emprendimiento, más que una moda, es un estilo de vida. Todo emprendedor, sea innato o cultivado, debe capacitarse cada día, perfeccionarse, concebirse a sí mismo como un emprendimiento vivo, que anda, se nutre y respira.

En este capítulo, vamos a mostrarles los retratos de varios emprendedores. Unos, como podrán advertirlo, nacieron siendo creadores. Otros constituyen la prueba patente de lo contrario: que la persona emprendedora se hace. ¿A qué categoría perteneces tú?

34

«Ustedes tienen un show de televisión, chicos»

Yo sostengo que el director Pablo Garro nos pidió cita para transmitirnos un recado del destino. Juzguen ustedes. La entrevista duró tres horas. Nos encontramos a las 11 de la mañana y nos despedimos a las 2 de la tarde. En ese lapso, nuestro proyecto *El crucero del emprendimiento* se transformó en un programa de televisión, tipo reality. ¡Quién iba a imaginarlo!

Pablo Garro, argentino, hombre mediático con treinta años de experiencia a cuestas, es director y realizador de programas de entretenimiento (*Escuela para maridos*, *Lucky Ladies*), dramatizados y realities (*Desafío*, *Los cuatro elementos*, *La Voz Colombia*, *Protagonistas*, *Factor X*, *La granja*, *La ciencia de lo absurdo*, *Festival internacional del humor* y *Titanes Caracol*). Entre los muchos productos de este realizador, cabe destacar un proyecto de 2005, llamado *El aprendiz*, formato televisivo de Donald Trump y que en Colombia fue conducido por el empresario Jean Claude Bessudo. Total. Apenas Pablo Garro leyó las notas de prensa en que nosotros convocábamos a jóvenes innovadores a participar en *El crucero del emprendimiento*, él decidió contactarnos, persuadido de que nuestra iniciativa tenía potencia audiovisual.

—Ustedes han diseñado un show de televisión noble, fresco, juvenil y sugestivo, promotor de la superación personal, donde la gente no llora ni sufre ultrajes —nos dijo, lleno de entusiasmo—. Con unos pequeños ajustes, tendrán una producción de inventores y emprendedores, sustentada en la investigación, la creatividad, el desarrollo tecnológico y la experimentación.

—¿A qué pequeños ajustes te refieres?

El tipo sonrió, con cierta picardía.

—Para empezar —nos dijo, con sinceridad implacable—, tienen que bajarse del bonito barco donde piensan hacer ese periplo por el mar Caribe. En la industria del cine y la televisión no existe prueba más desafiante que grabar encima de un buque. Eso es el desastre.

Edwin y yo nos miramos.

—Si no hay barco —dije—, habría que cambiar el nombre.

Garro, que suele plantear preguntas con soluciones incorporadas, nos dijo:

—¿Qué les parece *El Gran Inventor*?

Lo que vino después, por decirlo de algún modo, fue trabajo de carpintería. Un director de contenidos tomó nuestros fundamentos y les dio formato de reality. Un proyecto de 60 capítulos para la televisión nacional. Era claro que necesitábamos un personaje ancla convincente que fuese maestro, promotor y modelo a seguir de los participantes.

—¿Quién sería ese hombre show?

Pablo Garro sonrió y volvió a formular otra pregunta esclarecedora de enigmas.

—¿Les suena Bessudo?

35

Aparece Jean Claude

Jean Claude Bessudo, Presidente del grupo Aviatur, es uno de los referentes empresariales más sólidos de Latinoamérica. Al cabo de cincuenta años de vigencia ininterrumpida en el ámbito económico de Colombia, la figura y la trayectoria de Jean Claude posee una altísima recordación, a pesar de no ser artista ni político. Quienes lo conocen lo señalan, en forma unánime, como el mejor relacionista empresarial del país. El rasgo más distintivo de Bessudo es su bonhomía en razón de su carácter y comportamiento. El hombre tiene ángel. Es una de esas personas afables, honradas y simpáticas que, desde antes de conocerse, ya es considerado buena gente. Esta era la imagen preconcebida que Mauricio y yo, como muchos colombianos, teníamos del exitoso empresario.

Un antiguo aforismo reza: «Cuando el alumno está preparado, aparece el maestro». Eso nos sucedió con Jean Claude. Nosotros creíamos que sabíamos tocar puertas. Aún lo creemos. Pero, fue el don de gentes de Jean Claude, y sus enseñanzas constantes y generosas, lo que nos permitió refinar esa cualidad social y expandir nuestros contactos en los cinco años siguientes.

De modo que cuando Pablo Garro nos sugirió el nombre de Bessudo para que él fuera el timonel de *El Gran inventor*, no lo pensamos dos veces. Bessudo era el hombre idóneo para ese rol. Garro nos sirvió de puente.

El primer encuentro con Jean Claude se produjo en el Teatro Santiago Londoño de Pereira, con ocasión de un evento organizado por las facultades de Ingeniería Industrial de Colombia, en que tanto él como nosotros éramos conferencistas. Una mañana recibimos una llamada suya que nos supo a espontaneidad desde el primer instante:

—Garro me dijo que ustedes desean hablar conmigo —expresó—. Los espero en los camerinos.

Íbamos preparados, por supuesto. Ya sabíamos cuán efectivos eran los pitchs audiovisuales (¿Se acuerdan de la tableta que mandamos al corazón de la Kimberly Clark?), y llevábamos un teaser de minuto y medio, con la intención de mostrarle el concepto del reality *El Gran Inventor*, cuyo lema era: «Una buena idea puede cambiar el mundo».

—Deseamos que usted sea el mentor de este programa —le dijimos.

El compromiso de Jean Claude con la causa empresarial es de sobras conocida y, por tanto, en todo momento, es solicitado por altos ejecutivos que buscan su asesoría o patrocinio. Contra lo que pudiera pensarse, este líder privilegia su intuición sobre las estadísticas y muchas de sus decisiones son orientadas por las impresiones de su piel.

—Cuenten conmigo —respondió, y luego preguntó—: ¿Ya tienen canal?

Responder esa pregunta nos hizo tocar muchas puertas.

Al canal Caracol le gustó la propuesta, pero indicó que tenía la parrilla llena con dos realities al aire: *La voz* y *El desafío*, y solo podía emprender la realización en los dos años siguientes. Por su parte, RCN, el otro canal que visitamos, también saludó la iniciativa. Tanto fue el entusiasmo de esta compañía que su Presidente autorizó de inmediato la redacción del contrato. Sin embargo, pese a estos signos venturosos, en las semanas siguientes la idea se marchitó y no hubo forma de revivirla. Y lo propio sucedió en el medio público Canal Uno, que declinó nuestra invitación al cabo de varios meses preciosos. Pablo Garro, que estaba al tanto de nuestros apremios, nos cuadró una cita con el escritor Mauricio Navas Talero, entonces Vicepresidente de Contenidos de Fox Colombia. El alto ejecutivo nos brindó su respaldo instantáneo. No obstante, tras varias jornadas de números con la parte financiera de la compañía, el acuerdo no prosperó.

¿Cómo hacer un programa de televisión sin pantalla ni canal?

Al quinto mes de diligencias, nuestro proyecto, como suele ocurrir con centenares de productos estupendos, corría el riesgo de zozobrar por fatiga y sobreexposición. Una tarde de tedio, por mera casualidad, encendí el televisor y me topé, en History Channel, con un documental biográfico sobre John Davidson Rockefeller, justo en el momento en que se narraba la puja que el petrolero sostuvo con los ferrocarriles, que habían subido los precios del transporte de crudo. Una lucha de titanes. ¿Cómo superó el empresario semejante boicot? Creando su propio poliducto. Montó al lado de las vías férreas un tubo a presión para transportar su petróleo, dando lugar al primer oleoducto del mundo. Guardando las proporciones, eso fue lo que hicimos nosotros para desatascar a *El Gran Inventor*. Creamos un *poliducto mediático* a través de la internet. A falta de las pantallas de un canal tradicional teníamos las pantallas de cada celular, que se cuentan por millones de usuarios.

Nuestra premisa capital fue realizar un producto con los más altos estándares de la televisión contemporánea, convencidos de que ese factor diferencial nos daría visibilidad entre la abundante oferta audiovisual que existe en la red.

Jean Claude Bessudo, que al principio iba a participar como jurado del programa se involucró de lleno en el área de contenido y aportó capital y apoyo logístico. Esa primera temporada la respaldamos con capital propio que nos permitió arrancar la fase de producción.

36

El Gran Inventor: Primera Temporada

La base de datos de *El crucero del emprendimiento* nos proveyó la materia prima del talento. Al cabo de un escrupuloso expurgue, orientado por pautas de originalidad, viabilidad comercial y representación geográfica, preseleccionamos quince prospectos. De esta lista, el olfato afilado de Jean Claude escogió a diez participantes de las regiones del Caribe, Santander, Bogotá, Antioquia, Eje Cafetero y Valle del Cauca, que juzgó ideales para animar la competencia.

La primera temporada, realizada en 2016, constó de 42 capítulos, de 5 minutos cada uno.

Esos diez inventores fueron:

1. William Contreras, Bucaramanga, neurocirujano especializado en Estados Unidos, Brasil y Alemania. Invento: *Gafas inteligentes* que optimizan, a través de la pupila, la comunicación entre las neuronas del cerebro y los miembros inferiores. Idóneo para tratar a pacientes de Parkinson.
2. Pablo Calderón. Bogotá. Invento: *Convertidor de plásticos reciclados en combustibles de alta calidad*. Proceso de conversión de la basura plástica en gasolina vehicular.
3. Laila Páez. Barranquilla. Invento: *Vestidos de baño inteligentes* que cambian de tonalidad ante exceso de radiación solar. Las prendas tienen materiales fotocromáticos que alertan a los bañistas sobre la intensidad de los rayos UV. Idóneo para que los padres monitoreen el grado de sol recibido por los niños.

4. Jorge Borrero. Cali, Valle del Cauca. Ingeniero Químico. Invento: *Producción de papel de segunda generación* a partir de residuos de cosecha agrícola, sin generar contaminación.
5. Jorge Leal. Bogotá, Ingeniero de Sistemas. Invento: *Avatar. Traductor de lenguaje de señas*. App que permite trasladar inglés, español y francés a la lengua de señas. Proyección: desarrollar traductor universal. Aplicación: colegios, universidades, aeropuertos, turismo, transporte masivo y telefonía móvil inteligente.
6. Julio Quintero. Cali. Invento: *Supercarga*. Aditivo que alarga la vida útil de las baterías de vehículos hasta un 100%.
7. Daniel Cuartas. Medellín: Ingeniero e ilusionista. Invento: *Seguidor de pupila para personas con movilidad reducida*. Dispositivo ocular (gafas) idóneo para personas en situación de cuadraplejía, problemas de movilidad de manos, brazos o piernas.
8. Leonardo Guerrero. Bogotá. Invento: *Eventos temáticos para la paz*. Agencia que convoca a reinsertados de la violencia en Colombia para entrenarlos en eventos sociales y publicitarios.
9. Moisés Furman. Físico cuántico. Bogotá. Invento: *Máquina inductora del estado REM para recuperar el sueño*, a través de una sincronización entre el cerebro y el cuerpo. Idóneo para tratar problemas de salud originados por desequilibrios emocionales.
10. Rafael Vides. Apartadó, Antioquia. Invento: *Robot aéreo antiminas*. Nariz electrónica inteligente detectora de bombas y minas antipersona en el área rural, hoteles y centros comerciales.

La estructura del reality web *El Gran Inventor* (véase la figura 8) tuvo cinco pasos: 1) Un retrato-comercial de cada participante. 2) Una audición *face to face* de un minuto con Jean Claude. 3) Histo-

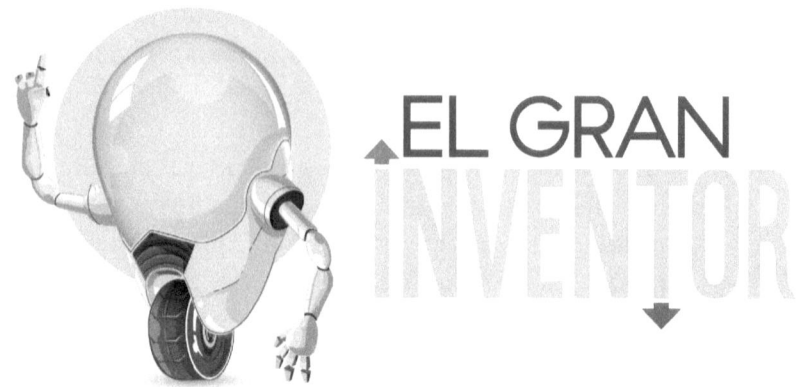

FIGURA 8. Marca El Gran Inventor: El símbolo es un personaje producto de la fusión de dos conceptos: La bombilla, uno de los inventos más utilizados por el hombre desde su creación en el siglo XIX y La Rueda, por su gran utilidad en la alfarería, transporte y base fundamental de diversas maquinas. Acompañado de dos flechas abstraídas del concepto de alzas y bajas en la bolsa de valores.

ria de vida, tipo semblanza documental, de cada participante. 4) Contacto de Jean Claude con amigos empresarios en busca de patrocinadores para cada propuesta y 5) Final de temporada. Un jurado calificador, compuesto por empresarios y gurúes del emprendimiento, determinaba quién era el inventor ganador.

37

Una bolsa de valores virtual

La Internet es un vasto océano donde cunden, conviven y compiten millares de productos mediáticos e informativos. Allí la calidad y la originalidad de la oferta marcan la diferencia. Pero sin una estrategia de marketing, se corre el riesgo de sucumbir.

La gran pregunta era: ¿Cómo darle visibilidad y circulación a *El Gran Inventor*? El periódico Portafolio, máximo medio económico de Colombia, producto de la casa editorial El Tiempo, nos ofreció la respuesta, a través de una alianza *sui generis*, tan eficiente como divertida.

Por intermedio de nuestra app, que mostraba los perfiles y las propuestas de los participantes, diseñamos un juego de bolsa virtual asociado a los inventores. Al descargar la aplicación, el usuario recibía diez millones de unidades que le permitían invertir en los proyectos de su preferencia. Cada participante se las ingenió para ganarse el favor de sus ciudades, localidades y regiones, y especularon entre ellos, haciendo subir y bajar acciones.

Cada día, el periódico Portafolio informaba los movimientos del reality (véase la figura 9). Debajo de las cotizaciones del petróleo, el oro, el dólar y el café, aparecían las cifras lúdicas de *El Gran Inventor*. Esa *bolsa virtual de valores* nos dio la fidelidad y la permanencia que nosotros necesitábamos. Los despistados preguntaban: «¿A qué hora y en qué canal se emite ese reality?». Los fanáticos respondían: «Este reality se está emitiendo por internet, y puedes seguirlo a cualquier hora, en tiempo real».

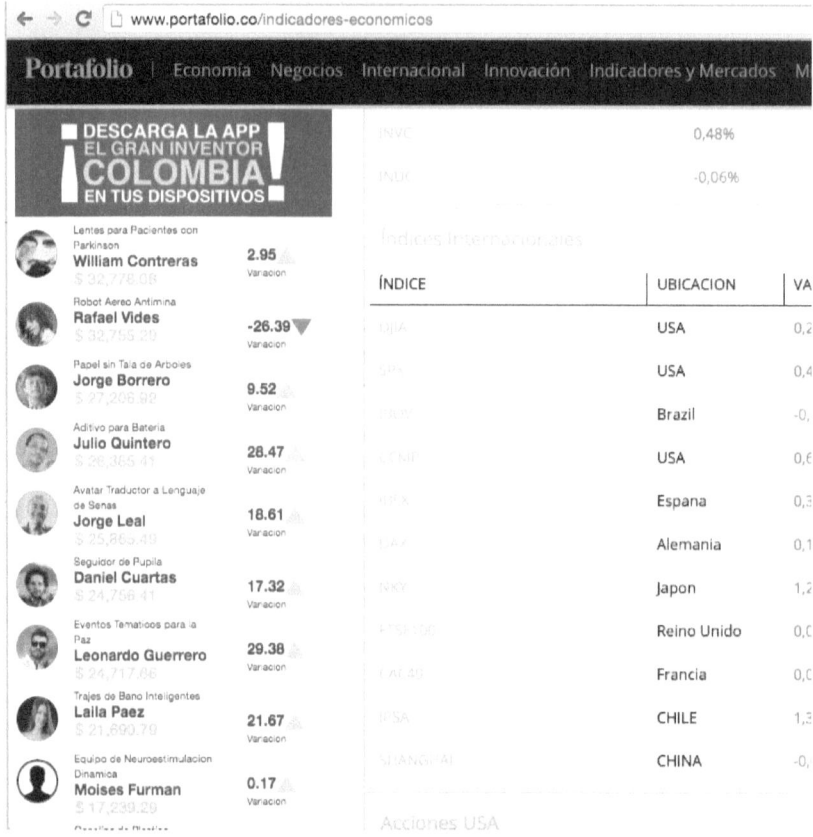

FIGURA 9. En tiempo real se movían los valores de las "acciones" de los participantes. ¡Mal momento para invertir en Rafael Vides quien en ese instante estaba a la baja!

38

De los aviones de Avianca a Discovery Channel

Vuelvo a traer a cuento la sabiduría ancestral de las abuelas, quienes dicen: «Aquello que buscas, siempre te encuentra. En el mismo minuto en que sales de tu casa a buscar dinero, el dinero empieza a preguntar por ti».

Cierto fin de semana, me invitaron a compartir una tarde de amigos con excompañeras de la universidad de mi novia. Ese día me puse la pinta apropiada para un día campestre, pero sobre todo me vestí con buena actitud. En medio de una conversación casual, me enteré de que una de las invitadas, Natalia Franco, trabajaba con entretenimiento abordo de Avianca. Gracias a ese nexo, un mes después nos entrevistamos con Adriana Nieto, alta ejecutiva de la aerolínea, a quien le mostramos tres tráileres del reality. La suerte estuvo con nosotros ese día. Cuando la mujer vio que el mentor del programa era Bessudo, exclamó: «¡Al entretenimiento a bordo le hace falta este tipo de contenidos!» y aprobó cargar nuestro contenido en sus aeronaves.

A los quince días, *El Gran Inventor* hacía parte de la oferta de entretenimiento de los ciento cincuenta aviones de Avianca. Una cosa condujo a otra. Tres meses después, en viaje de Londres a Bogotá, el programa fue visto por Felipe Cabrales, Country Manager de Discovery Channel, quien nos manifestó estar interesado en comprar nuestro reality para el canal. Luego, la Vicepresidenta de Ad Sales Janneth Márquez nos dio el espaldarazo y recibimos el contundente apoyo por parte de Mariana Cortés, es su momento la Vicepresidenta de contenido para Colombia.

Así fue como el programa de emprendimiento *El Gran Inventor,* que en sus inicios no encontraba pantallas donde ser emitido, empezó a ser visto en Latinoamérica y el Caribe a través de Discovery Channel. Y en veintisiete países del mundo a través del entretenimiento abordo de la aerolínea Avianca.

La reputación de esa vitrina atrajo fuertes patrocinadores y aliados como Claro, Portafolio, Huawei, Satena, Universidad de los Andes, Superintendencia de Industria y Comercio, Colciencias entre otros.

39

El inventor que ganó la primera temporada

Cierta vez un equipo modesto de fútbol, contra todos los pronósticos, llegó a la final del campeonato. Un periodista deportivo le preguntó al director técnico de la escuadra cómo se sentía en aquella instancia, y el estratega le dio una respuesta original que hizo historia: «Nos colamos a una fiesta donde no fuimos invitados, pero estamos bailando bien».

Esa frase describe con exactitud la participación de Rafael Vides en *El Gran Inventor*. Vides no aparecía en los archivos de ninguna universidad ni de ningún centro tecnológico, no había registros o notas de prensa y era poco conocido en Apartadó, Antioquia. Para agravar su panorama, Rafael eligió como vocero a un joven con poca fluidez y coherencia verbal. Sin embargo, fue Rafael quien terminó ganando la primera temporada del reality. ¿Alguien puede ganarse la lotería sin haber comprado el billete? Cuando la vida quiere, sí. ¿Cómo logró infiltrarse ese joven en la fiesta del emprendimiento y robarse el show?

Vayamos allí.

Ocurre que, durante una reunión en palacio, el Presidente le solicitó a Jean Claude Bessudo que incluyera en el programa un proyecto relacionado con el proceso de paz, ojalá vinculado al post conflicto. Por tal razón, contactamos a un inventor bogotano que había diseñado una bota de campaña que le permitía al soldado conservar el pie, en caso de pisar una mina *quiebrapatas*. El emprendimiento perfecto.

Para nuestro pesar, el genio de Bogotá, un chico de apenas diecisiete años, aún no había pulido sus habilidades blandas: rasgo típico de muchos talentos. Que *dígame rápido que estoy ocupado*. Que *voy para Francia con agentes del gobierno*. Que *llámeme la próxima semana*. Así las cosas, en llamada posterior solicitamos hablar con el padre del joven. Nos fue peor. *Si no hay dinero, mi hijo no participará en ningún programa de televisión*, nos dijo, y colgó dilapidando la oportunidad. Recuérdenlo siempre: Todo negocio es actitudinal. Por algo, los antiguos mercaderes de la Europa medieval solían decir: «Te recibo según tus ropas. Te acompaño según tu actitud». Ese *impasse* nos obligó a buscar otra opción. Al cabo de muchas indagaciones, una tarde recibimos la llamada de un instructor del Sena de Medellín, quien nos habló de cierto joven oriundo de Apartadó, Técnico en Reparación de Neveras, que estaba trabajando, según sus palabras, en «una nariz antiterrorista».

Ese muchacho resultó ser Rafael Vides.

Los gurúes de la prosperidad afirman que el éxito está compuesto por 20% de inteligencia intelectual y 80% de inteligencia emocional. El retrato exacto de Rafael, quien compensaba su escasa formación académica con un superávit de actitud. Esa alegría natural labró su camino al triunfo.

Aún recuerdo la primera vez que Vides y yo hablamos. «Señor Mauricio, me dijo, yo crecí en Apartadó, cerquita de un batallón que realizaba operaciones contra la guerrilla de la región. Todas las semanas, desde las mallas de ese cuartel, veía llegar helicópteros hartos de soldados mutilados. Así fue como se me ocurrió la idea de inventar un dron antiminas, dotado con una nariz inteligente que detectara olores de explosivos en el aire y ubicara las cargas de pentolita, C4, anfo o pólvora, antes de que la tropa entrara a la zona de patrullaje»

—¿Esta dispuesto a venir conmigo a Bogotá?

—Yo voy donde usted me diga —respondió—. Si me necesita mañana a las ocho, yo me le presento a las seis.

Tres días después, el equipo de producción se desplazó a Apartadó a grabar la historia de Vides. En el *reel* de presentación, Rafael, vestido de esmoquin, sube a un jet y es atendido por una azafata rubia y glamorosa, quien luego lo despide con un beso en la mejilla. Ese beso despierta al muchacho, quien descubre que está siendo lamido por un perrito callejero. Sobre esa imagen aparece la frase: «Todos en la vida tenemos metas e ilusiones. Mi sueño es salvar vidas. Yo soy Rafael Vides y mi invento es...».

La mejor parte de este cuento viene a continuación.

Jean Claude Bessudo, en su papel de mentor, contactó al Ministro de Defensa, encomió el invento de Rafael Vides y cuadró una cita con el departamento científico de Indumil.

La mañana en que lo fuimos a buscar al hotel, Vides apareció llevando bajo el brazo un artefacto que dejó perplejo al equipo de producción. Ocurre que su *nariz inteligente* era una tabla de madera de un metro de longitud provista de unas mangueras y unos circuitos que nada tenía que ver con la imagen tecnológica que nos habíamos figurado del dron detector de explosivos. Al ver aquel artilugio, muy semejante a un trabajo escolar, miré a Edwin. «¿En qué lío nos hemos metido?», le susurré, temeroso de estar cometiendo el más grande exabrupto de mi vida. Acto seguido, nos dirigimos a Indumil a bordo de una flotilla de vans negras de vidrios oscuros enviada por la compañía. La industria militar queda en las afueras de Bogotá donde fuimos recibidos con alegría por media docena de ingenieros avezados de diversas disciplinas científicas. La sola visión de sus invenciones de última generación apachurró mi espíritu. Por último, nos llevaron a una pequeña sala, y el director del laboratorio pronunció la frase que yo tanto temía: «¿Quién es el inventor y cuál es su criatura?».

Rafael Vides se levantó, abrió la bolsa de plástico que llevaba consigo, y sacó su tabla, sus mangueras y sus circuitos. A simple vista, insisto, su aparato parecía una broma. El prodigio ocurrió cuando Vides abrió la boca para presentar su invención. Al instante, su imagen de desamparo fue reemplazada por un carisma arrollador. Con lenguaje simple y argumentos llanos explicó los fundamentos de su idea visionaria. «Esto es todo lo que tengo por ahora, concluyó, pero con la ayuda de ustedes, podemos lograrlo». Con esa actitud sencilla de *a mí no me derrumba nadie*, Rafael Vides se ganó la simpatía de los ingenieros de Indumil, quienes ad-

FIGURA 10. A orillas del Río Orinoco, sobre un hovercraft, Rafael Vides busca minas antipersonales con el objetivo de identificarlas y activarlas controladamente en alianza con la Armada Nacional Colombiana.

mitieron que estaban ante un invento revolucionario que, cuando fuese dotado con sensores de uso privativo que solo ellos podrían importar de Alemania, de software e inteligencia artificial, marcaría un hito en el salvamento de vidas (véase la figura 10).

Un mes después, ilustrado por expertos asesores, Rafael Vides terminó los planos de su invento, y eso le bastó para echarse al bolsillo los respaldos del público y de los jurados que, en forma unánime, lo dieron como ganador del concurso.

Durante los seis meses que duró la primera temporada, Vides se constituyó en el héroe de Apartadó, Antioquia. Encabezaba desfiles trepado en la máquina de bomberos y era asediado por admiradores que le solicitaban autógrafos. El programa *El Gran Inventor* le dio un premio de cien millones de pesos y le procuró un inversionista que aportó trescientos millones a su invención. Las últimas noticias que supimos de Rafael Vides, que es un chico afrodescenciente, fue que el equipo asesor de la primera dama de los

Estados Unidos, Michelle Obama, impresionado por su historia de vida y por su inventiva silvestre, lo invitó a la Casa Blanca.

40

Continúa la búsqueda de la innovación

Una de las primeras enseñanzas que nos ofreció la industria del entretenimiento es que una audiencia satisfecha jamás abandona a un buen producto. Todo lo contrario: el público te pide más raciones de aquello que le gustó.

Ni siquiera tuvimos necesidad de proponer la segunda temporada de *El Gran Inventor*. Ella fue la que vino a nosotros, cual historia ávida de autor. Una mañana del año 2018 recibimos una llamada venturosa (insistimos: tenga siempre su teléfono móvil a la mano), y cuando colgamos, ya teníamos la secuela del reality, cuya temática fue Medios de Transporte. *El Gran Inventor II* fue patrocinado por el gobierno, y emitido por los ocho canales regionales del país. En esa temporada encontramos una serie de inventos extraordinarios donde se destacaban por ejemplo: una Inteligencia Artificial llamada Lisa, que predice homicidios, hurtos y accidentes de tránsito con 28 días de anticipación. Lisa se probó con ayuda del CTI de la Fiscalía con un acierto en las ocurrencias del 77%. Neveras portátiles que se auto refrigeraban hasta por 15 días sin necesidad de conexión a una fuente eléctrica. En Washington D.C. invitamos a participar al que fuera el ganador de esa temporada; el Ingeniero Mecánico Gonzalo Durán, un colombiano que había desarrollado y patentado a nivel mundial uno de los sistemas de transporte mas revolucionarios hasta ese momento, se trataba de un Aerometro de altísima eficiencia energética para la movilización de pasajeros y/o carga. Los vagones del sistema se deslizan suspendidos mediante un innovador sistema de cojinetes de aire, y se impulsan por medio de un eficiente y novedoso motor lineal elec-

FIGURA 11. El sistema fue desarrollado para interconectar de manera práctica, rápida y económica, locaciones remotas de difícil acceso, bien sea por la topografía del terreno o por las altas variaciones en el nivel freático, así como para solucionar, sin ocasionar mayores traumatismos, el funcionamiento de la estructura vial existente y los problemas actuales de congestionamiento de vías en las ciudades.

tromagnético, que elimina las altísimas perdidas energéticas, utilizando para su movilización apenas una décima parte de la potencia que demandan las tecnologías convencionales de transporte. Lo más llamativo del invento era que costaba 90% menos que los sistemas convencionales de su tipo (véase la figura 11).

Un año después, en 2019, realizamos *El Gran Inventor III,* donde descollaban inventos como el de Juan Manuel Lopera, quien inspirado en la ardua labor de su profesor de secundaria creó una tecnología para asistir a los maestros: TOMi. Dentro de las funciones de este pequeño robot está: llamar a lista, crear una red local, enviar reportes, calificar exámenes y por si fuera poco, convertir el pizarrón en pantalla táctil.

De la Universidad Tecnológica de Pereira llevamos al programa a Victor Ortiz quien a través de un casco hace uso de un sofisticado software que permite adquirir las señales eléctricas del cerebro con el fin de analizarlas y determinar que tan efectiva fue la publicidad que estuvo observando un individuo.

Faber Díaz, inventó un dispositivo que remplaza el uso de químicos en la piscinas. Este increíble invento baja significativamente los costos asociados al mantenimiento de las piscinas y hace un gran aporte a la salud y al medio ambiente.

Leonardo Rodríguez, Doctor en Automática, Robótica e Informática que un día en su trabajo de campo doctoral presenció como dentro de un contenedor que llegaba a puerto, sacaron el cuerpo sin vida de un polizón asiático, este hecho incitó la creatividad de Leonardo para crear "ViSPA" (del inglés: Vibration Spectrum Analysis) que es básicamente un escáner a partir de vibraciones, esta tecnología permite identificar cualquier elemento sin conocer su interior y en el caso de los contenedores sin necesidad de abrirlos, reconociendo exactamente el contenido a través de imágenes obtenidas por sonido. También sirve para escanear el contenido de paquetería.

El Gran Inventor IV trajo sorprendentes desarrollos tecnológicos la mayoría enfocados en el área de la medicina. El Médico Jimmy Santamaría que está revolucionando la manera de tratar las quemaduras en los pacientes crónicos sin tener que pasar por unidades de cuidados intensivos. La Química Laura Marín, joven investigadora inventó una mezcla que remplaza el Formol, considerado cancerígeno por la OMS. El Empresario José Paulo Naranjo, creó un purificador para los espacios cerrados como clínicas, hospitales, oficinas o sencillamente en el hogar, eliminando de forma activa y sin uso de filtros el 99.9% de los virus y bacterias evitando el contagio o propagación de enfermedades virales. El Cirujano Maxilofacial Javier Montejo desarrolló una genialidad a la hora de tratar fracturas y reconstrucciones faciales, solución para el sector de la ortopedia en el mundo. Y el ganador de la cuarta temporada fue el Docente Investigador Juan Carlos Posada, con materiales compuestos a partir de la cascarilla del café, que dicho de paso es un abundante residuo del proceso del café. Halló la fórmula para convertir este residuo en objetos como vasos para el consumo del café. Se estima que anualmente solo en Colombia se usan al rededor de 5.000 millones de estos vasos.

No deseamos presumir, ni pecar de fatuos, pero sí queremos destacar que, en el curso de esas cuatro temporadas, *El Gran Inventor* aportó al mundo en que vivimos treinta y cuatro invenciones que antes no eran visibles, que eran necesarias y que ya se encuentran en el mercado, transformadas en bienes de consumo de alta demanda.

El Gran Inventor V ya se encuentra en rodaje, haciendo lo suyo: mostrando nuevos emprendimientos al mundo (rol de vitrina) y contactando nuevos inversionistas (rol de puente). ¡Cuánto tiempo, cuánto dinero y cuántos errores de principiantes nos hubiésemos ahorrado mi hermano y yo si en aquel cada vez más lejano 2007, nuestra empresa *Green Works* hubiese contado con la plataforma de lanzamiento de *El Gran Inventor*!

El más sorprendido con el desencadenamiento de estos sucesos mediáticos fue el empresario Armín Torres, quien viajó de Nueva York a Pereira para recibir un pergamino que lo distinguía como uno de los empresarios colombianos más importantes en Estados Unidos. La nota de privilegio —otorgada por un comité integrado por CEOs de varias compañías, gurúes del emprendimiento, representantes del gobierno central, patrocinadores y diplomáticos—, le fue entregada a Armín durante la sesión de clausura y premiación de *El Gran Inventor I*.

Al finalizar la velada, Armín nos miró y sonrió.

—Esto es lo que me gusta de la innovación —dijo—: la magia del camino. Una vez arrancas a emprender, nunca te detienes. La última vez que nos vimos, me despedí de dos líderes audaces que estaban diseñando *El crucero del emprendimiento* y, hoy que bajo del avión, saludo a dos productores de cine y televisión—

Torres tenía razón.

El Gran Inventor nos graduó de creadores de contenidos para el mundo audiovisual. Así funciona el oficio del emprendedor, que es impredecible por definición. Siempre sabes cómo empieza tu historia, pero ignoras cómo será su desarrollo y mucho menos sospechas cómo finalizará. Lo único que sabes de esta actividad (y espero que nunca lo olviden), es que termina cada noche, a eso de las 10, y empieza cada amanecer, a eso de los 5.

Como ya habrán podido advertir, este libro, lejos de estar llegando a su fin, apenas está empezando a escribirse. Así funciona este negocio.

Capítulo VIII

Una historia sin fin

La vida es esencialmente pedagógica, cuando aprendemos la lección estamos preparados para avanzar de nivel.

41

Lobbismo empresarial

Mauricio y yo sabemos tocar puertas. Es una habilidad natural. Antes de ser empresarios o antes de aprender a manejar el *free press*, ya nosotros teníamos facilidad para procurarnos la atención de las personas, factor esencial para concretar negocios. La experiencia de *El Gran Inventor* nos permitió pulir y darle una nueva proyección a esa destreza. En adelante —aparte de promover nuestros propios proyectos—, empezamos a encauzar el porvenir de emprendedores noveles. Nos fue bien. Les ahorramos a esos muchachos el largo y tedioso proceso de tocar puertas inciertas y logramos contactarlos con los clientes precisos. Prueba de ello es que, en las tres primeras temporadas, conseguimos 32 millones de dólares para veintiocho emprendimientos.

Uno de los graves problemas del emprendimiento en el concierto latinoamericano, no es la escasez de talento, ni la falta de respaldo público. En nuestra región abunda la creatividad y son muchos los fondos y las fundaciones que están dispuestos a prohijar a los innovadores y a sus invenciones, conscientes de que esos productos y servicios, sin excepción, resuelven problemas y tienen mercado. La gran limitante nuestra es que no existe un puente natural que una al inventor con el inversionista, como sí existe en los países industrializados donde el lobby empresarial tiene categoría de profesión y cuenta con el amparo de legislaciones claras y limpias.

La palabra lobby tiene doscientos años de reconocimiento moderno. Esa actividad, por supuesto, es mucho más antigua que la palabra que la designa y, por tanto, encontramos lobistas en las cortes europeas desde la época del Renacimiento.

La Real Academia de la Lengua, de modo tardío y refunfuñando, incluyó la palabra lobby en nuestro diccionario. Su sinónimo más cercano en el idioma castellano es cabildeo. A primera vista, tiene un significado poco noble. *Lobby: grupo de presión que realiza acciones dirigidas a influir en un gobierno, organización, esfera o actividad social en beneficio propio o de sus intereses.* Somos los primeros en deplorar la asociación del lobby a prácticas *non sanctas* o poco éticas, porque el cabildeo es una actividad necesaria, beneficiosa y muy gratificante para el sector emprendedor. Esa posición es compartida por Jean Claude Bessudo, quien es considerado el mejor relacionista del país, en razón de sus poderosas conexiones interpersonales.

Mi hermano Edwin y yo concebimos la vida como un largo río de reciprocidad. Por consiguiente, hemos decidido dar con alegría lo que con alegría recibimos. Así como un día Jean Claude se constituyó en nuestro mentor, hoy nosotros nos hemos constituido en mentores de jóvenes emprendedores. Cada vez que un chico, ávido de contactos, carpeta bajo el brazo y rostro sudoroso, nos dice: «Tengo este producto y necesito financiación», nosotros hacemos lo mismo que haría Bessudo en esos momentos: agarramos nuestro teléfono móvil y marcamos un número.

Los lobistas se rigen por un axioma de oro que reza: «Todo habitante del planeta, sin excepción, está a cuatro llamadas de distancia». Eso significa que un lobista, sin una lista de contactos confiables no existe.

42

Los diez mandamientos del buen emprendedor

La perfilación de negocios señala que las normas de conducta del buen emprendedor, en definitiva, son las mismas normas de conducta del buen lobista. Relájate, que no te hablaremos de complicados arcanos reservados a almas predestinadas sino de todo lo contrario. Un puñado de pautas sencillas y elementales que, aparte de graduarte de buena persona, serán útiles y provechosas para tu vida empresarial.

1. Responde las llamadas que entren a tu teléfono celular, incluso las provenientes de números desconocidos. En caso de que no puedas responder en el mismo instante, asegúrate de devolver la llamada ese mismo día.
2. Nunca dejes un chat leído pendiente de contestación. En lo posible, responde a la mayor brevedad los emails, chats o mensajes de texto. El *ghosting* es el cianuro de los negocios. Jamás emprendas relaciones de ninguna índole con una persona que no responde sus correos.
3. Nunca subestimes un negocio por golpes de humor. Buena es la intuición, pero no tanto. No existen los emprendimientos pigmeos, ni de segunda categoría. Antes de prejuzgar una idea, oye con atención lo que el otro tiene que decirte.
4. Evita las personas que tengan baja tolerancia al fracaso. Esas que, ante el primer revés, se arrojan del buque. Nadie es inmune al fracaso. Un día fracasarás, de una o de otra manera. Eso es válido tanto para el boxeador como para el

astronauta. Es en los momentos críticos donde las personas sacan lo mejor de sí, no lo peor. Por esa razón, las personas resilientes valen su peso en oro. Quien le teme al fracaso, con toda seguridad, también le tiene horror al éxito. Falencia que lo convierte en el primer adversario de sí mismo.

5. Sé puntual, en todas las maneras posibles. La puntualidad es un signo de respeto y coherencia. La persona que cumple horarios y cumple palabras, honra compromisos y corona metas. Declárale *Tolerancia cero* a todo tipo de procrastinación y elimina de tu léxico la palabra pretexto. Desde la óptica empresarial, el incumplimiento es un pecado capital.

6. Cuida tu imagen. *El buen gusto y el mal gusto cuestan lo mismo*, afirma Bessudo, con precisión quirúrgica. El traje y la corbata se llevan bien con los negocios. No uses jamás pisacorbatas. Los accesorios matan el refinamiento. El exceso de ornamentos revela un deseo injustificado de llamar la atención. Los payasos lo saben.

7. Sé perfeccionista, sin miedo. Si has de tener un defecto, asegúrate de que sea el perfeccionismo. Los perfeccionistas jamás apartan su foco de los detalles. Detrás de muchas pérdidas catastróficas, casi siempre, hay una pequeña omisión.

8. Actúa con felicidad. Sé feliz. Y no temas simularlo. Si no estás contento, por causa de un mal día, disimula que estás radiante. Eso bastará para infundirle entusiasmo a los demás. La felicidad es el primer indicio del éxito. La felicidad, como toda actitud positiva, suscita sentimientos gratos y provechosos.

9. Pide consejos. Nunca temas solicitar orientación. El requerimiento de consejos te permite empatizar con el otro. Cada vez que lo haces, le estás diciendo a alguien: «Valoro tu amistad y admiro tu sabiduría. Es un privilegio tenerte en mi equipo».

10. Sé bien educado. Respeta las normas de tránsito, tanto en la carretera como en la sala de juntas. Ya lo hemos dicho,

pero es válida la reiteración: hay líneas que no se traspasan y principios que no se quebrantan. Antes de chocar con alguien, de llevarle la contraria o señalar un yerro, piensa en la solución del *impasse*. Cuida y perfecciona tus habilidades sociales, en forma constante, del mismo modo que el leñador afila su hacha. No hay nada más triste que ver personas de gran talento —auténticos diamantes en bruto— dilapidar su genialidad por causa del desorden, el incumplimiento y la insensatez.

43

Un día después de la primera victoria

Son muchas las historias bienaventuradas que nosotros hemos visto brotar y desarrollarse en este negocio. Hemos visto muchachos intrépidos conquistar la cumbre empresarial sobre el lomo de un invento exitoso. Hemos visto ascensos súbitos y cambios radicales de vidas como consecuencia directa de un producto feliz ocurrido en el lugar y momento precisos. Hemos visto victorias desconcertantes que casi podrían recibir el título de milagros y hemos asistido al desencadenamiento de eventos sorprendentes donde, a falta de explicación lógica, decimos: «Ahí está metida la mano de la Providencia». Dicho en otras palabras, hemos tenido el privilegio de ver muchas eclosiones del éxito. ¡Unos auténticos bigbangs de negocios!

Como muchos de los que están leyendo este libro muy pronto serán emprendedores (en caso de que aún no lo sean), desde ya, desde este párrafo les enviamos nuestros más sinceros parabienes. ¡Que la buena idea sea su bendición y que la abundancia exponencial de utilidades sea su recompensa!

Sin embargo, (esta parte no nos agrada un ápice), debemos recordar que allí donde la luz es más fuerte, también es más intensa la sombra. Así como suena. El éxito tiene una zona oscura donde muchos se han perdido. Tengan mucho cuidado con el éxito, o con eso que la gente suele llamar éxito. Si algo dicta la experiencia, es que el éxito, mal gestionado, es muy perjudicial para la salud.

Suena paradójico, ¿cierto?, pero las evidencias cunden por doquier.

A lo largo y ancho de la historia, centenares de futbolistas, boxeadores y atletas de alto nivel, tras superar una infancia de penurias sin cuento, firmaron su primer contrato fabuloso y, luego de eso, encandilados por los oropeles de la fama, rodaron al precipicio, arrastrados por vicios y errores personales nunca superados. Centenares de actores de gran calidad, cantantes de gran talento y escritores de genio esclarecido, obnubilados por los fuegos pirotécnicos de su *ópera prima*, no lograron superarse a sí mismos y nunca llegaron a su segunda película, a su segundo disco o a su segundo libro. ¿Te acuerdas del final que tuvieron los asaltantes del Banco de la República de Valledupar, tras haber asestado el máximo hurto del planeta? Ese golpe colosal inesperado fue, sin duda, su peor fracaso. Lo triste, lo sorprendente y lo peligroso de estos ejemplos es que nadie está exento de estos baches del camino.

¿Por qué suceden estos descalabros descomunales tras una merecida recompensa? ¿Por qué algunas personas reciben las mieles del éxito como si se tratara de un regalo envenenado?

La perfilación de negocios señala que el culpable de estos derrumbes estrepitosos —padecidos, sobre todo, por los emprendedores primíparos—, es la visión romántica de la victoria que, por muchas generaciones, nos vendieron (y que aún nos siguen vendiendo). ¿Quieres ejemplos puntuales de esa visión romántica? Los cuentos infantiles se acaban apenas el príncipe se casa con su princesa. (Nada nos dicen del hogar). Los melodramas de la televisión terminan cuando los novios pisan el altar (Nada nos dicen de la familia). Y lo propio sucede con la mayoría de las películas: cuando el héroe conquista su cometido, aparecen los créditos finales. (Nada nos dicen del empresario).

¿Captas la raíz del problema? La vida real no funciona así. Y mucho menos la vida real del emprendedor.

Es cierto que la visión romántica —léase: la programación ancestral—, nos enseñó a soñar y a triunfar, pero olvidó decirnos algo crucial: que había una vida que vivir después del triunfo. Olvidó decirnos que esa nueva vida debía vivirse de modo diferente para no perder lo conquistado. Y olvidó decirnos que ese primer triunfo era apenas un escalón. Está bien el descanso del guerrero después de la victoria. Pero debes asegurarte de que esa celebración no se convierta en alcoholismo crónico del alma.

Esa es la buena noticia de la perfilación de negocios, que te dice: «Despabílate. Allí donde termina el incompleto cuento de hadas empieza la vida real. ¿Has tenido un triunfo? ¡Qué bien! Te felicito. Ahora debes ser superior a ese triunfo. Después de esa loma, sigue una montaña empinada. Continúa la senda. Los emprendedores no se detienen nunca. No se retiran. No trabajan por una pensión de vejez. Ni marchan en pos de un golpe del destino (aunque la buena suerte siempre es bienvenida). Una vez empiezas a subir la escalera del emprendimiento, nunca te bajas de ella».

Tenlo presente. La perfilación de negocios no se limita a indicarte cómo conquistar la cima. Te invita a quedarte a vivir allí. En la cumbre.

44

To be continued

A diferencia de las novelas, libretos de melodramas o guiones cinematográficos, este libro no será rematado con la célebre frase: *The end*. No se puede. Es un imposible filosófico.

Igual que nuestra ecocasa de papel —que nunca cerró sus puertas al público—, este libro tampoco cerrará su historia de emprendimiento. Puesto en términos fílmicos: termina en *opening*.

Sería un contrasentido que una obra partidaria del emprender, del moverse y del tomar camino, fuera sellada con un punto final.

Aquí viene la pregunta del millón de dólares: ¿Cuándo es el momento ideal para arrancar el viaje?

Hace poco dicté una conferencia sobre inspiración, innovación y perfilación de negocios ante un auditorio de mil jóvenes, todos menores de veinticinco años, en el *Miami Beach Convention Center*.

Al terminar mi exposición, fui abordado por una mujer espléndida de cuarenta y cinco años que estaba acompañando a su hijo de veinte.

—Me encanta el futuro próspero que le espera a Jack —me dijo—. Lástima que sea tarde para mí. Ya atravesé la mitad de mi vida. Mi vejez está en la vuelta de la esquina. Cualquier plan de negocios que yo empiece en este momento, quedará huérfano a mitad de camino. Está visto que las canas y el emprendimiento no lucen.

Sonreí con indulgencia.

—Según la perfilación criminal —le dije—, los más grandes asesinos en serie del planeta despertaron a los monstruos dormidos que los habitaban a mediana edad. Y según la perfilación de negocios, señora, los más talentosos emprendedores del siglo XX empezaron su carrera después de los cuarenta años.

La mujer me miró con escepticismo.

—Mentira.

Con alegría, le canté la oración de la eterna juventud. Le dije que Robert Noyce, inventor del microchip y autor del nombre Silicon Valley, fundó *Intel* a los 41 años. Le dije que Stan Lee fundó su *Universo Marvel* a los 44. Le dije que Henry Ford creó su primer automóvil a los 45. Que Momofuku Ando, el padre de la comida chatarra, inventó el *ramen instantáneo* a los 48. También le recordé que Ray Kroc tenía 52 años cuando convirtió a *MacDonalds* en la franquicia más grande de comida rápida del planeta. Que Arianna Huffincton fundó *The Huffincton Post*, uno de los medios más influyentes del mundo, a los 54 años. Que John Pemberton tenía 55 cuando fundó *Coca Cola*. Que Miguel de Cervantes Saavedra tenía 57 cuando escribió *El ingenioso hidalgo don Quijote de la Mancha*. Y que Harland Sanders, el famoso *Coronel Sanders*, creó la franquicia *Kentucky Fried Chikens* cuando tenía 62 años, entre muchísimos ejemplos de vidas fecundas, exitosas y rentables.

La madre de Miami alzó una mano, recogió una lágrima y sonrió, con el alma llena de combustible.

—Yo tengo cuarenta y cinco —dijo—. Si a esa edad, Henry Ford empezó a armar autos, ¡yo puedo transformar las recetas de mi abuela en un libro!

Esa es la pregunta que ahora yo tengo para ti:

—¿Qué edad tienes?

45

Hacia la nueva riqueza. Hacia los nuevos negocios.

En los tiempos actuales, los países más ricos del planeta no son los que tienen mayores reservas de recursos naturales, como el oro o el petróleo, sino los que desarrollan más tecnología. Empresas como Apple, Microsoft, Amazon Inc, Tesla o Facebook valen más que muchos países del Caribe.

Por esa razón, hoy más que nunca, los emprendedores son tan valiosos en términos de rentabilidad nacional. Allí donde camina un emprendedor, avanza un país. Emprender, por definición, es moverse, crecer, ensancharse. Por algo, la máxima divisa del emprendedor es: fluyes con la corriente o te quedas rezagado.

Hoy, los Hermanos Quiroz somos una marca asociada a la innovación y a la tecnología, al lobby de alta credibilidad y al emprenderismo. Se trata de un rol que no fue planificado ni preconcebido. Solo sucedió. Al cabo de quince años de faenas empresariales, mucha gente empezó a percibirnos como una dupla aspiracional confiable, capaz de articular procesos empresariales, desde su gestación, desde la idea germinal (*El Gran Inventor* tiene mucho que ver con esa asociación que constituye una calificación positiva a nuestra trayectoria).

En la actualidad, aparte de producir entretenimiento a través del cine, la televisión y la web, nosotros hacemos lobby internacional con negocios de alto rendimiento, bajo la figura de *bróker*. Es decir, posibilitamos nexos y transacciones entre inventores-vendedores e inversionistas-compradores, a cambio de una comisión por concepto de operaciones exitosas.

En caso de que te preguntes: «¿Quienes escriben estos renglones son los mismos muchachos de Pereira que hace tres lustros fundaron la empresa *Green Works Company*, hicieron ladrillos papeleros y construyeron casas de papel?», esto te respondemos:

—Sí, nosotros somos esos muchachos.

No te sorprendas de nuestra metamorfosis. Así actúa el negocio del emprendimiento. En esta escalera sin fin, tú siempre sabes dónde y cómo empieza tu viaje, pero no imaginas dónde estarás en los próximos cinco años y mucho menos concibes desde qué alto balcón del mundo muy pronto estarás contemplando la vida.

Buen viaje. Como dicen los arrieros del viejo Caldas: «¡Nos vemos más adelante!».

Hermanos Quiroz

Agradecimientos

Quisiéramos dar las gracias a todos los que nos ayudaron a escribir esta historia:

A todos nuestros amigos y los miembros de nuestra familia, por su paciencia y compromiso.

A nuestra madre, Amparo, por su amor y sabios consejos.

A la memoria de nuestra abuela, Deborah, por su dedicación y cariño.

A Susana Rojas Botero por su apoyo continuo, compañía incondicional y por permitirnos contar siempre con su grandioso talento.

A nuestra representante Catalina Murillo, por la motivación que nos da para desarrollar todo nuestro potencial. Nos complace contar con ella en cada paso que damos.

A nuestro director Pablo Garro por creer en nosotros, por su entusiasmo, energía incomparable y por ser en todo momento ejemplo de cariño y grandeza.

Al escritor Mauricio Navas Talero por su valiosa amistad. Por regalarnos el título de este libro, le estaremos eternamente agradecidos.

A nuestro amigo Jorge Mario Trejos por las alegrías de cada encuentro, por su inigualable sentido del humor. Su amistad llena nuestros corazones.

También queremos expresar un agradecimiento especial a Mariana Cortés y Janneth Márquez por la invaluable defensa a nuestro formato televisivo, en el momento que más lo necesitábamos.

AGRADECIMIENTOS

Gracias por creer en el poder de las grandes ideas, en el talento colombiano y por llevarnos a las pantallas de Latinoamérica.

A nuestro querido amigo Luis Javier Botero que leyó el original y dedicó tiempo para perfeccionar esta obra, nos ayudó enormemente.

A uno de los mejores relacionistas públicos del país, Christian Toro Ibler, por guiarnos con sus sabias opiniones y recomendaciones en todos los aspectos de nuestra carrera empresarial.

Al director regional de Procolombia Eduardo Sánchez por su tiempo y dedicación en cada uno de nuestros encuentros a lo largo de 12 años.

A nuestro amigo, artista y presentador Óscar Álvarez a quien admiramos profundamente.

A José Mario López por aportar su conocimiento y arduo trabajo en las audiciones de los inventores.

Queremos dejar constancia de nuestro más profundo agradecimiento a todo el equipo de Aviatur por creer y confiar en nosotros durante todos estos años; especialmente a Jean Claude Bessudo, por su amistad y por la escuela que hemos hecho a su lado. Un agradecimiento muy especial así mismo a Norberto Carrasco, Rafael Obando, Gerardo Díaz, Camilo Perilla, Alfonso Valencia, Camilo Rodríguez y Pablo Castro por su diligencia e infinita paciencia.

A la Universidad CEIPA por su apoyo a la innovación; especialmente a su rector Diego Mauricio Maso así como a Maritza Trejos por su apoyo y hospitalidad.

Y, finalmente, nos gustaría expresar nuestra gratitud y respeto a Plinio Parra por su motivación para sacar adelante este libro.

Curso de perfilación en negocios

Contenido extra. Descubre en el siguiente código un curso compuesto por 11 videos sobre el arte de perfilar, enfocado a los negocios y totalmente gratis. Profundiza en uno de los principales temas que trata este libro.

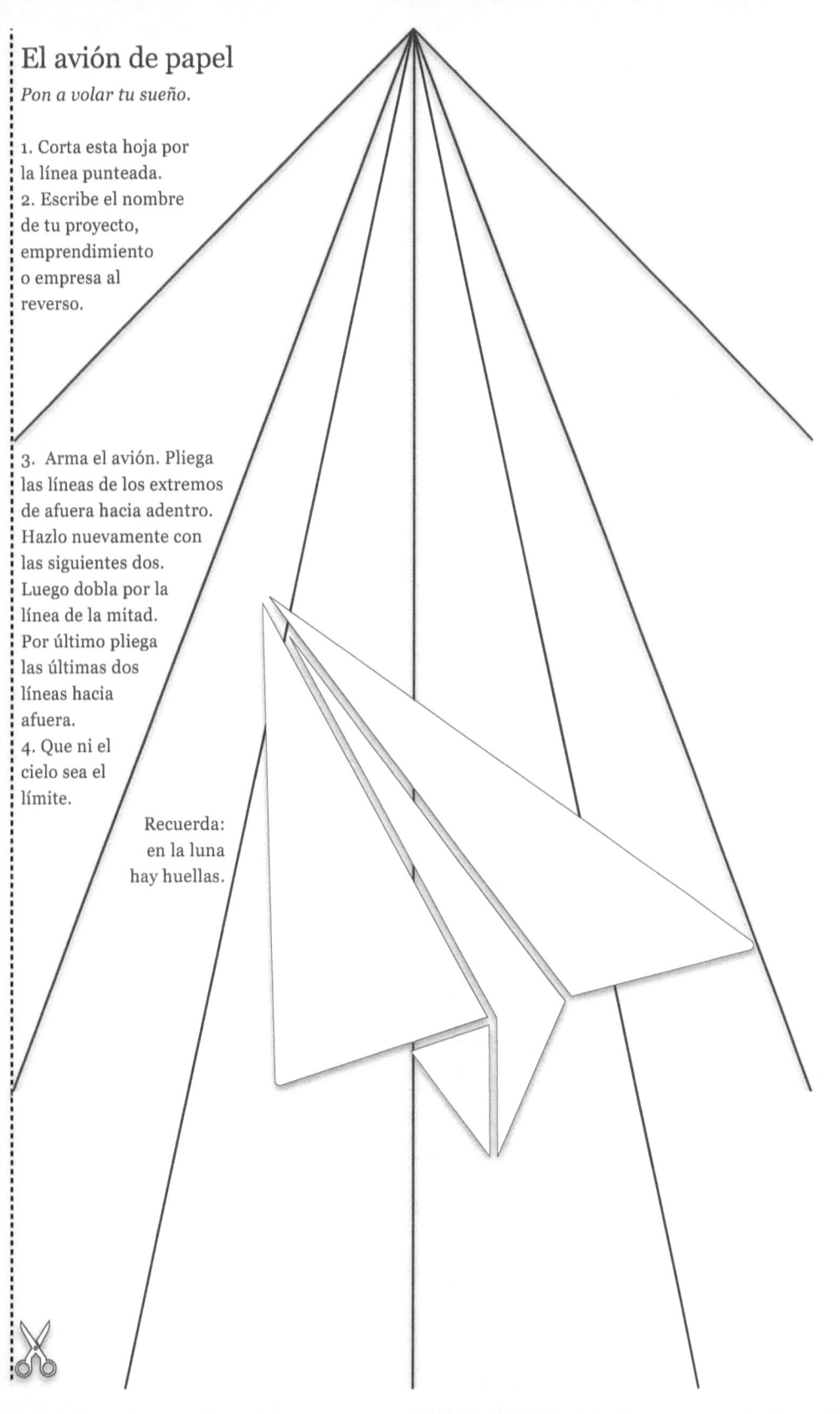

El avión de papel
Pon a volar tu sueño.

1. Corta esta hoja por la línea punteada.
2. Escribe el nombre de tu proyecto, emprendimiento o empresa al reverso.
3. Arma el avión. Pliega las líneas de los extremos de afuera hacia adentro. Hazlo nuevamente con las siguientes dos. Luego dobla por la línea de la mitad. Por último pliega las últimas dos líneas hacia afuera.
4. Que ni el cielo sea el límite.

Recuerda: en la luna hay huellas.

www.ingramcontent.com/pod-product-compliance
Lightning Source LLC
Chambersburg PA
CBHW031630210526
45464CB00004B/1825